Mon année de

Françoise Picot

Français CE1

Lecture-compréhension • Étude de la langue • Expression écrite et orale

Fichier-élève 2

Mon nom :

Nathan

Sommaire

ISBN : 9782091244099

Le plus grand détective du monde (1)

› Anticiper le contenu du roman
› Faire des inférences
› Identifier le narrateur

Gilou Serin est le plus grand détective du monde. C'est simple : aucune affaire ne lui résiste. Rollers égarés, boucle d'oreille perdue : il retrouve tout.

Un jour, une nouvelle cliente – sa mère – lui propose une enquête très délicate : le vase de la table du salon a disparu. Le coupable n'est peut-être pas si loin que ça...

Chapitre 1

Le plus grand détective du monde, c'est moi, Gilou Serin. Rien que la semaine dernière, j'ai résolu deux affaires. D'abord, j'ai retrouvé mes rollers qui étaient dans la cave. Simple petit travail de déduction. Je m'en étais servi le dimanche précédent et il pleuvait ce jour-là. J'avais bien le souvenir de les avoir laissés dans l'entrée. En revenant de l'école, le lundi suivant, ils avaient disparu. Or, ma mère avait fait le ménage le matin, comme à l'accoutumée. Elle ne les avait pas remis dans mon placard. Ils étaient pleins de boue à cause de la pluie. Il ne me restait plus qu'à obtenir les aveux de la suspecte. Maman les avait mis dans la cave. Elle m'avoua également qu'elle en avait plus qu'assez de ramasser tout ce que je laissais trainer.

1 **Observe** la 1re page de couverture et **recopie** le titre du livre.

____

2 **Lis** le texte en italique.
Remplace les groupes de mots en orange par des mots du texte qui ont le même sens.

a. Gilou Serin est une **personne qui fait une enquête policière**. (ligne 1)
Gilou Serin est un _______________________.

b. Rollers **mis on ne sait plus où**... (ligne 2)
Rollers _______________________

c. **Celui qui a fait disparaitre le vase** n'est peut-être pas si loin que ça... (ligne 4)
Le _______________ n'est peut-être pas si loin que ça...

3 **Coche** la bonne réponse.

Le livre est : ◯ un conte ◯ un roman policier ◯ un poème

4 **Entoure**, à ton avis, ce qui a pu arriver au vase.

Il a été cassé. Il a été volé. Il a été égaré.

Entoure, à ton avis, qui peut être le coupable.

un voleur Gilou le chat la maman

5 **Indique** qui raconte l'histoire dans le chapitre 1 : _______________________

6 **Relie** chaque phrase à celle qui a le même sens.

J'ai résolu deux affaires. •	• J'ai raisonné pour trouver la solution.
Simple petit travail de déduction. •	• J'ai trouvé la solution à deux problèmes.

7 **Relie** chaque mot en orange à ce qu'il désigne.

J'ai retrouvé mes rollers dans la cave. •	• Maman
Le lundi suivant, **ils** avaient disparu. •	
Elle ne les avait pas remis dans mon placard. •	• les rollers
Maman **les** avait mis à la cave. •	
Les aveux de la **suspecte**. •	• Gilou

8 **Réponds** aux questions par une phrase. **Pense** à la majuscule et au point.

Où Maman a-t-elle rangé les rollers ? ______________________

Pourquoi n'a-t-elle pas mis les rollers dans le placard ?

____

9 **Remplace** les groupes de mots en orange par les mots du texte qui ont le même sens.

a. Ma mère avait fait le ménage le matin, **comme d'habitude**. (ligne 11)

Ma mère avait fait le ménage le matin, comme ______________________.

b. Il ne me restait plus qu'à **faire dire à Maman ce qu'elle avait fait de mes rollers**. (ligne 12)

Il ne me restait plus qu'à ______________________.

c. Elle me **dit** également… (ligne 13) Elle m'______________________ également…

10 **Coche** ce qui est vrai.

- ◯ Maman est contente car elle doit toujours ranger les affaires de Gilou.
- ◯ Maman n'est pas contente car elle doit toujours ranger les affaires de Gilou.
- ◯ Gilou range bien toutes ses affaires.
- ◯ Gilou ne range pas ses affaires.

11 **Numérote** les phrases pour raconter l'affaire des rollers dans l'ordre.

- ☐ Dimanche, Gilou a utilisé ses rollers et il les a laissés dans l'entrée.
- ☐ Il interroge sa maman pour savoir où ils sont.
- ☐ Lundi, en revenant de l'école, Gilou ne trouve plus ses rollers.
- ☐ Il les retrouve dans la cave.

12 **Entoure** tous les mots que l'on trouve dans un récit policier.

suspecte – chat – coupable – livre – détective – enquête – déduction – aveux

Oral **13** **Lis** à haute voix le chapitre 1.

Fiche 1 + et ++

Écrire *oi*
Écrire *ui*

1 **Lis** les mots suivants. **Entoure** le groupe de lettres qui permet d'écrire le son [wa].

un oiseau - une voiture - une étoile - froid - le soir - un bois - un poisson - la toilette
la joie - un doigt - noir - un toit - un mois - une balançoire - un tiroir - trois - droit

Écris la manière d'écrire le son [wa] : ____________

2 **Lis** les mots suivants. **Entoure** le groupe de lettres qui permet d'écrire le son [ɥi].

la nuit - la pluie - huit - la cuisine - le ruisseau - aujourd'hui - un bruit
un fruit - puis - construire - l'huile - une aiguille - je suis

Écris la manière d'écrire le son [ɥi] : ____________

3 **Écris** les mots des activités 1 et 2 représentés par ces dessins.

un ____________

la ____________

8

____

3

____

4 **Relie** les parties de mots. Puis **écris** les mots trouvés.

ti •	• lette	un ____________
rui •	• sseau	un ____________
oi •	• roir	un ____________
cons •	• seau	____________
toi •	• truire	la ____________

5 **Recopie** les mots des activités 1 et 2 qui se terminent par la lettre t que l'on n'entend pas.

____

____

6 **Recopie** le mot qui se termine par -oie et le mot qui se termine par -uie avec leur déterminant.

____

7 **Écris** une phrase avec ces mots.

construit un nid - aujourd'hui - sous le toit de la maison - un oiseau

____

Entoure les lettres qui permettent d'écrire le son [wa] et le son [ɥi].

MOTS À MÉMORISER

une voiture • froid • le soir • un bois

la nuit • aujourd'hui • un bruit • un fruit

1 **Complète** ces phrases avec des mots appris contenant [wa].

Pendant l'hiver, il fait ______________ .

Nous avons trouvé des champignons dans le ______________ .

Le ______________ , la ______________ a ses phares allumés.

Entoure les lettres qui servent à écrire le son [wa] dans les mots que tu as écrits.

2 **Complète** les trois mots appris contenant [ɥi]. **Récris**-les avec un autre déterminant : une ou le.

la n__________ ______________

un fr__________ ______________

un br__________ ______________

Entoure les lettres qui servent à écrire le son [ɥi] dans les mots que tu as écrits.

3 **Complète** avec le même mot appris :

______________ , je reste à la maison, je suis malade.

______________ , il pleut.

______________ , c'est un jour d'école.

4 **Écris** les mots appris représentés par ces dessins.

 ______________

 ______________

 ______________

 ______________

5 **Réponds** aux devinettes avec un mot appris.

a. Je suis juste avant la nuit : le ______________ .

b. Je suis le contraire de chaud : ______________ .

c. Je suis ce que les élèves font quand ils parlent tous ensemble : du ______________ .

6 **Retrouve** des mots appris et **écris**-les.
Chaque lettre est codée avec son numéro de place dans l'alphabet.

14	21	9	20

____

6	18	21	9	20

____

2	18	21	9	20

____

6	18	15	9	4

____

Les relations entre les mots d'un texte (1)

oral **1** **Lis** le texte puis **relis**-le en remplaçant Moi, Gilou Serin par Nous, Gilou et Fabio Serin.

Moi, Gilou Serin, je suis un grand détective. J'ai un chapeau et une loupe. **J'aime** faire des enquêtes. Comme tous les enfants, **je vais** à l'école et **j'enquête** à l'école. Si **je suis** à la maison, **j'enquête** aussi. **Je retrouve** tout : **mes rollers**, la boucle d'oreille perdue. **Je suis** vraiment **un grand détective** !

Écris les mots qui changent quand tu remplaces Moi, Gilou Serin par Nous, Gilou et Fabio Serin.

Moi, **Gilou Serin**, **je suis un grand détective**.

____

J'ai un chapeau et une loupe. **J'aime** faire des enquêtes.

______________ un chapeau et une loupe. ______________ faire des enquêtes.

Comme tous les enfants, **je vais** à l'école et **j'enquête** à l'école.

Comme tous les enfants, ______________ à l'école et ______________ à l'école.

Si **je suis** à la maison, **j'enquête** aussi.

Si ______________ à la maison, ______________ aussi.

Je **retrouve** tout : **mes rollers**, la boucle d'oreille perdue.

______________ tout : ______________, la boucle d'oreille perdue.

Je suis vraiment **un grand détective** !

______________ vraiment ______________ !

Indique l'infinitif des verbes conjugués : ______________

____

2 **Colle** les étiquettes à la bonne page dans ton cahier de grammaire.

3 **Écris** le texte suivant en remplaçant nous par je.

Quand **nous sommes** à la maison, **nous adorons** faire des enquêtes.

____

4 **Écris** le texte suivant en remplaçant Je par Nous.

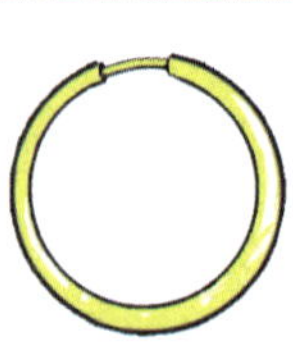

Je vais à l'école et je retrouve la boucle d'oreille perdue.

____

Fiche 3 + et ++

Le présent du verbe **être**

1 **Lis** la page 10 de ton cahier de grammaire.
Puis **lis** ces phrases.

Je suis à la maison.
Nous sommes à la maison.
Tu es en forêt.
Vous êtes en forêt.
Gloria est dans le pré.
Gloria et Filomena sont dans le pré.
Tibi est sous le figuier.
Tibi et Ibi sont sous le figuier.

Souligne le verbe conjugué dans chaque phrase.

Écris son infinitif : ____________________

Écris à quel temps ce verbe est conjugué : ____________________

2 **Complète** la conjugaison du verbe être.

je ____________________
tu ____________________
il ____________________
elle ____________________
nous ____________________
vous ____________________
ils ____________________
elles ____________________

3 Sur ton cahier de grammaire, tu peux écrire le titre de la page 10 : Présent du verbe être.

4 **Récris** chaque phrase avec le sujet proposé. **Entoure** le verbe être conjugué au présent dans chaque phrase.

a. Tu es sur le trottoir. ➜ Je ____________________
b. Le grain de riz est dans le tiroir. ➜ Les grains de riz ____________________
c. Nous sommes dans la rue. ➜ Vous ____________________
d. Vous êtes sous la douche. ➜ Tu ____________________
e. Je suis avec des copains. ➜ Nous ____________________
f. Les poules sont dans la bassecour. ➜ La poule ____________________

Période 3

Fiche 4 + et ++

Le plus grand détective du monde (2)

› Donner du sens à des mots inconnus
› Interpréter les substituts
› Comprendre l'ordre chronologique

Chapitre 1 (suite)

Ma deuxième affaire était plus compliquée. Ma voisine de classe, Émilie, avait perdu sa boucle d'oreille droite. Un vrai drame.
Ses anneaux en or lui avaient été offerts par sa tante. Je ne disposais que d'un seul indice : Émilie était sure qu'elle avait les deux en partant pour l'école. Pendant la récré, j'ai refait avec elle tout son parcours de la matinée.
Arrivée à la grille.
Cour de récréation.
Couloir. C'est là que j'ai eu une illumination de génie.
Devant les portemanteaux. Émilie portait une écharpe en tricot autour du cou. En enlevant l'écharpe, elle avait accroché la boucle sans s'en apercevoir.
Par chance, elle y était toujours. Ça m'a rapporté deux chewing-gums et un bisou. J'aurais préféré éviter... Tous les garçons se sont moqués de moi après. J'ai eu droit à « Gilou et Émilie sont amoureux » pendant tout le restant de la semaine.

1 **Coche** les mots qui ont le même sens que ceux en orange.

Un vrai **drame**.

○ un évènement grave ○ un évènement rigolo

Je ne disposais que d'**un seul indice**.

○ une seule boucle d'oreille ○ une seule information pour m'aider

2 **Réponds** aux questions par une phrase.

a. Quelle affaire doit résoudre Gilou ?

____

b. Qui est Émilie ?

____

c. À quoi ressemble la boucle d'oreille perdue ?

____

d. Qui a offert les boucles d'oreilles à Émilie ?

____

3 **Entoure** le seul indice que Gilou a.

Émilie a perdu sa boucle d'oreille à l'école.

Émilie a perdu sa boucle d'oreille chez elle.

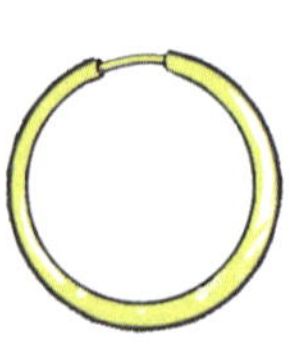

4 **Coche** ce qui est vrai.

a. La deuxième affaire de Gilou est : ◯ simple ◯ difficile

b. Gilou refait le parcours d'Émilie : ◯ pendant la récréation ◯ après l'école

c. Émilie a perdu sa boucle d'oreille. C'est un drame car :

◯ les boucles ne sont pas à elle.

◯ les boucles sont en or et c'est un cadeau de sa tante.

5 **Relie** chaque pronom en orange à la personne ou à la chose désignée.

Elle avait accroché la boucle sans s'en apercevoir. •	• la boucle d'oreille
Elle y était toujours. •	• Émilie

6 **Coche** l'illumination de génie de Gilou.

◯ Il pense qu'Émilie a perdu sa boucle d'oreille à la maison.

◯ Il pense qu'Émilie a perdu sa boucle d'oreille dans la classe.

◯ Il pense que la boucle d'oreille est dans l'écharpe que portait Émilie quand elle est arrivée à l'école.

7 **Écris** où était la boucle d'oreille en faisant une phrase.

____

8 **Écris** Vrai ou Faux.

a. Gilou est fier d'avoir retrouvé la boucle d'oreille d'Émilie. ________

b. Émilie est contente d'avoir retrouvé sa boucle d'oreille. ________

c. Gilou est content qu'Émilie l'embrasse. ________

9 **Coche** les deux affaires résolues par Gilou.

◯ Gilou a retrouvé ses rollers dans la cave.

◯ Gilou a retrouvé les bottes de son père.

◯ Gilou a retrouvé la boucle d'oreille égarée par Émilie.

◯ Gilou a retrouvé son chat.

10 **Recopie** les paroles des garçons qui se moquent de Gilou. N'oublie pas les guillemets.

____

11 **Numérote** les phrases pour raconter l'affaire de la boucle d'oreille dans l'ordre des actions.

◯ Gilou refait le parcours d'Émilie à l'école.

◯ Il retrouve la boucle d'oreille dans l'écharpe.

◯ Émilie a perdu sa boucle d'oreille.

◯ Il pense que la boucle d'oreille a pu rester dans l'écharpe d'Émilie.

ral **12** **Lis** à haute voix le dernier paragraphe du texte.

Période 3

Fiche 5 + et ++

L'ordre alphabétique (4)

La voisine de classe de Gilou a perdu sa boucle d'oreille droite, c'est un vrai drame.

1 **Lis** les mots en orange. **Observe** le rangement alphabétique de certains de ces mots.

boucle classe droite oreille voisine

Ils ont été rangés suivant leur première lettre. **Entoure** cette lettre.

2 Le mot vrai n'a pas été rangé.
Tu dois regarder la deuxième lettre pour le ranger.
Écris-le à sa place.

boucle ________ classe ________ droite ________ oreille ________ voisine ________

Écris maintenant le mot drame à sa place.
Quelle lettre as-tu regardée pour le ranger à sa place ? ________

3 **Écris** chaque mot à sa place.
Tu dois parfois regarder la première, la deuxième ou la troisième lettre.

nid : ________ bille ________ boule ________ mon ________ pré ________ verser ________

four : ________ cour ________ froid ________ gros ________ hiver ________ liste ________

plat : ________ plus ________ qui ________ roi ________ sirène ________ tour ________

4 **Recopie** ces mots dans l'ordre alphabétique.

pousser – crabe – jeudi – loup – mer

____

Puis **recopie**-les en ajoutant les mots lapin et mille.

____

5 **Recopie** ces mots dans l'ordre alphabétique.

valise – trouver – grande – avec – tasse – vague

____

Fiche 6 + et ++

Compléter une enquête

1 **a. Lis** le texte.

L'affaire de la boucle d'oreille

Ma voisine de classe, Émilie, a perdu sa boucle d'oreille droite. Un vrai drame car c'est un cadeau de sa tante. Je n'ai qu'un indice : Émilie avait ses deux boucles d'oreilles en arrivant à l'école. Pendant la récréation, je cherche la boucle d'oreille dans la cour de l'école, dans le couloir. Là, j'ai une illumination de génie : en enlevant son écharpe, Émilie a accroché la boucle sans s'en apercevoir. Par chance, la boucle est toujours dans l'écharpe.

b. Souligne en vert l'objet perdu et en bleu pourquoi c'est un drame.

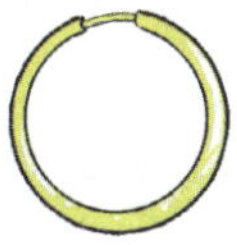

c. Entoure le seul indice qu'a Gilou.

d. Recopie les lieux où Gilou cherche la boucle d'oreille : ______________________

e. Écris une phrase pour indiquer dans quoi Gilou a retrouvé la boucle d'oreille.

____

2 **Recherche** des idées pour écrire une nouvelle enquête de Gilou. **Indique** :

La personne qui a perdu quelque chose : ______________________

L'objet perdu : ______________________

Pourquoi c'est un drame : ______________________

L'indice que Gilou a : ______________________

Où Gilou cherche ce qui a été perdu : ______________________

L'illumination de génie de Gilou : ______________________

Où se trouve l'objet perdu : ______________________

3 **Complète** le texte suivant avec tes idées pour raconter une nouvelle enquête de Gilou.

Titre :

______ a perdu ______ . Un vrai drame

car ______ . Je n'ai qu'un indice :

______ . Je cherche ______

Là, j'ai une illumination de génie : ______

Vérifie que tu as bien mis les majuscules et les points.

Le plus grand détective du monde (3)

› Rappeler le début du texte
› Donner du sens à des mots inconnus
› Faire des inférences

Résumé du chapitre 2

Dans sa chambre, Gilou s'ennuie. Son chat Caramel joue à côté de lui. Tout à coup, Maman frappe à sa porte. Elle lui demande d'aller au rez-de-chaussée avec elle pour résoudre un problème. Tout content, Gilou prend le vieux chapeau de Papa, une loupe, et il suit Maman.

Chapitre 3

Maman et moi, nous entrons dans le salon.

– Eh bien, voilà les faits, monsieur le détective... Comme vous pouvez le constater, il y a, sur cette petite table, un napperon brodé. Un examen attentif vous permettra de voir qu'il y a des auréoles dessus.

Je me penche avec ma loupe au-dessus du napperon.

– C'est exact, dis-je. Tout me porte à croire que cette pièce à conviction a été mouillée à plusieurs reprises.

– En effet, répond ma cliente. Ce napperon sert à protéger le bois. J'ai pour habitude de poser là un vase avec des fleurs coupées. Et ce vase a disparu.

– Un objet de valeur, sans doute ?

– Surtout sentimentale, dit Mme Serin. C'était un cadeau.

1 **Complète** le texte pour rappeler le début de l'histoire « Le plus grand détective du monde ».

affaires – boucle d'oreille – rollers – détective

Gilou est le plus grand __________ du monde. La semaine dernière, il a résolu deux __________ : il a retrouvé ses __________ et la __________ d'Émilie.

2 **Écris** chaque mot devant sa définition.

auréole – napperon brodé – rez-de-chaussée
examen attentif – résoudre – faits

le __________ : la partie d'un immeuble qui est au niveau de la rue.
un __________ : un petit tissu sur lequel des décorations sont cousues.
un __________ : une observation faite avec attention.
une __________ : une marque laissée sur un tissu par un objet.
les __________ : ce qui s'est passé.
__________ un problème : trouver la solution à un problème.

3 **Réponds** aux questions par une phrase.

Où est Gilou au début du chapitre 2 ? __________

Pourquoi Gilou prend-il le vieux chapeau de Papa et une loupe ?

____

4 **Remplace** chaque mot en orange par le mot du texte qui a le même sens.

a. C'est **vrai**, dis-je. (ligne 11) C'est ______________, dis-je.

b. **Oui**, répond ma cliente. (ligne 13) ______________, répond ma cliente.

c. **Un objet important**, sans doute ? (ligne 15) ______________________, sans doute ?

d. Surtout **que j'aime beaucoup**, dit Mme Serin. (ligne 16)

Surtout ________________________, dit Mme Serin.

5 **Coche** l'explication qui convient à la phrase en orange.

Tout me porte à croire que cette pièce à conviction a été mouillée à plusieurs reprises.

- [ ] Gilou ne croit pas qu'il y avait un vase sur le napperon.
- [ ] Gilou pense que le napperon a été mouillé plusieurs fois, donc qu'il y avait un vase.

6 **Relie** chaque mot en orange à la personne désignée.

nous entrons dans le salon •	• Gilou
monsieur le détective •	
ma cliente •	• Maman
Je me penche •	
J'ai pour habitude •	• Maman et Gilou

7 **Écris** qui prononce ces paroles : Maman ou Gilou.

a. Ce napperon sert à protéger le bois. ____________________

b. Un objet de valeur, sans doute ? ____________________

8 **Écris** Vrai ou Faux.

a. Gilou est content d'avoir une affaire à résoudre. ________________

b. Maman est contente que son vase ait disparu. ________________

c. Maman veut savoir où est son vase. ________________

d. L'auréole sur le napperon montre qu'il y a eu de l'eau dessus. ________________

9 **Complète** le résumé pour garder dans ta tête les images de ce qu'il se passe dans l'histoire.

disparu – affaire – habitude – vase
napperon – salon – auréole – loupe

Gilou enquête sur une nouvelle ________________ : la disparition d'un ________________.
Dans le ______________, avec une ______________, Gilou observe l'________________
sur le ______________. Maman à l'________________ de poser un vase avec des fleurs
sur le napperon. Il y avait bien un vase à cet endroit mais le vase a ________________.

oral **10** **Lis** à haute voix le dialogue entre Maman et Gilou.

Fiche 8 + et ++

Écrire an/am, en/em

1 **Lis** les mots suivants. **Entoure** les lettres qui permettent d'écrire le son [ɑ̃].

un serpent - trente - ensuite - une dent - entrer - souvent - enfin - cent - les parents
chanter - danser - dans - ranger - un éléphant - les vacances - janvier - demander
une plante - grand - manger - blanc - un an - un pantalon - pendant - un enfant

Écris les deux manières d'écrire le son [ɑ̃] : ______ ______

2 **Lis** les mots suivants. **Entoure** les lettres qui permettent d'écrire le son [ɑ̃].

une chambre - une jambe - une lampe - un champion
emmener - septembre - novembre - décembre - ressembler - remplacer - le temps

Souligne la lettre qui est après am ou em.

Écris les deux manières d'écrire le son [ɑ̃] : ______ ______

3 **Écris** les mots de l'activité 1 représentés par ces dessins. **Écris**-les avec un déterminant.

 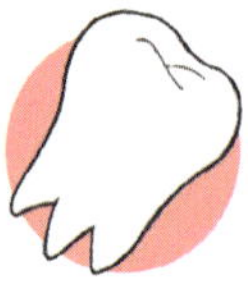  

______ ______ ______ ______

4 **Complète** avec les verbes de l'activité 1 conjugués au présent. **Fais** attention aux terminaisons.

danser - demander - ranger - chanter - entrer - manger

a. Gilou ne ______ pas ses affaires.
b. Tu as une belle voix, tu ______ bien.
c. Vous ______ un fruit.
d. Nous ______ dans la classe sans faire de bruit.
e. Les filles ______ en tutu.
f. Je ______ à la maitresse : « Je peux jouer au ballon ? »

5 **Écris** chaque mot en le complétant avec an ou am.

un ch•pignon : ______ bl•c : ______ un t•bour : ______

Écris chaque mot en le complétant avec en ou em.

une f•te : ______ la t•pête : ______ tr•bler : ______

6 **Écris** une phrase avec ces mots. **Entoure** les lettres qui permettent d'écrire le son [ɑ̃].

mange du chocolat blanc - un enfant gourmand - dans sa chambre

______

MOTS À MÉMORISER

un enfant • trente • une dent • le temps

une chambre • une plante • dans • chanter

1 **Complète** chaque phrase avec des mots appris.

L'__________ a perdu une __________.

Le mois de novembre a __________ jours.

Je n'ai pas le __________ de finir mon travail avant la récréation.

Entoure les lettres qui servent à écrire le son [ɑ̃] dans les mots que tu as écrits.

2 **Écris** le mot en le complétant avec an ou am.

une ch•bre : __________ une pl•te : __________ ch•ter : __________

3 **Complète** avec dent ou dans.

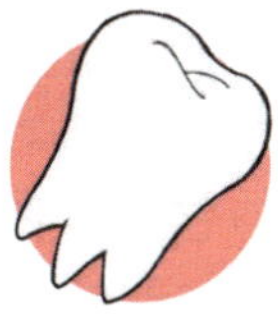

En tombant, Pierre s'est cassé une __________.

__________ la cour, les enfants jouent aux billes.

4 **Retrouve** un mot mémorisé dans chacun de ces mots. **Récris**-le.

le printemps – longtemps : le __________

le dentiste – le dentifrice : une __________

5 **Complète** chaque phrase en conjuguant le verbe chanter.

Nous __________ ensemble. Tu __________ bien.

Vous __________ dans une chorale. L'artiste __________ devant un micro.

Les garçons __________ en dansant. Je __________ sous la douche.

6 **Récris** le mot en orange en le complétant avec an ou en.

Il arrose une **pl•te**. __________.

Elle prend son **•f•t** dans ses bras. __________.

Je joue **d•s** la cour. __________.

7 **Retrouve** deux mots appris et **écris**-les.
Chaque lettre est codée avec son numéro de place dans l'alphabet.

20	18	5	14	20	5

____

3	8	1	13	2	18	5

____

Les relations entre les mots d'un texte (2)

oral **1** **Lis** le texte puis **relis**-le en remplaçant Toi, Gilou Serin par Vous, Gilou et Fabio Serin.

> **Toi, Gilou Serin, tu es un grand détective.**
> **Tu enquêtes aujourd'hui** sur la disparition d'un vase.
> **Tu as ton chapeau** et **ta loupe**.
> **Tu vas** au rez-de-chaussée avec Maman et **ton chat** Caramel.
> **Tu entres** au salon et **tu regardes** attentivement la pièce à conviction.

Écris les mots qui changent quand tu remplaces Toi, Gilou Serin par Vous, Gilou et Fabio Serin.

Toi, Gilou Serin, tu es un grand détective.

____

Tu enquêtes aujourd'hui sur la disparition d'un vase.

______________ aujourd'hui sur la disparition d'un vase.

Tu as ton chapeau et **ta loupe**.

______________ et ______________

Tu vas au rez-de-chaussée avec Maman et **ton chat** Caramel.

______________ au rez-de-chaussée avec Maman et ______________ Caramel.

Tu entres au salon et **tu regardes** attentivement la pièce à conviction.

______________ au salon et ______________ attentivement la pièce à conviction.

Indique l'infinitif des verbes conjugués : ______________

____

2 **Colle** les étiquettes à la bonne page dans ton cahier de grammaire.

3 **Écris** le texte suivant en remplaçant Vous par Tu.

À la maison, **vous êtes** avec Maman. **Vous allez** dans le salon.
Vous avez votre loupe et **vous observez** le napperon.

____

____

4 **Écris** le texte suivant en remplaçant Tu par Vous.

Tu vas au rez-de-chaussée, tu entres dans le salon et tu observes l'auréole sur la table.

____

____

Fiche 10 + et ++

Le déterminant et le nom

1 **Lis** ces groupes de mots.

mes rollers - nos rollers - un chapeau - ton chapeau

ce napperon - ce vase

sa chambre - son chat - ton chat

une loupe - ma loupe - ta loupe

Souligne les mots qui désignent une personne, un animal ou une chose.

Entoure chaque déterminant.

2 **Complète** le texte suivant.

Les mots soulignés sont **des noms**.

Un **nom** est un mot qui désigne une ____________, un ____________ ou une ____________.

Le nom et son ______________________ forment un **groupe nominal**.

3 **Lis** la page 16 de ton cahier de grammaire. **Recopie** les différents déterminants.

____

____

Recopie les noms qui n'ont pas de déterminant. N'oublie pas la majuscule.

____

Ces noms sont des **noms propres**. Ils commencent par une majuscule.

Sur ton cahier de grammaire, tu peux écrire le titre de la page 16 :
Groupes nominaux : déterminant, nom.

4 **Souligne** le nom et **entoure** le déterminant dans ces groupes nominaux.

cette petite table - un napperon brodé

des fleurs coupées - le vieux chapeau

Récris ces groupes nominaux en enlevant le mot qui n'est ni entouré ni souligné.

____

5 **Colle** les étiquettes à la bonne page de ton cahier de grammaire.

Période 3

Fiche 11 + et ++

Le plus grand détective du monde (4)

› Donner du sens à des mots inconnus
› Interpréter les substituts
› Exprimer des liens logiques

Chapitre 3 (suite)

Je fais le tour de la table lentement puis je vais jusqu'à la fenêtre. Je jette un œil dehors.

– Hélas, madame ! Je crains bien qu'un voleur n'ait profité de cette fenêtre ouverte... Vous devriez peut-être mettre une alarme.

– Un voleur ! s'exclame Mme Serin. Ici !

J'acquiesce d'un mouvement de tête. Le chapeau me tombe sur les yeux. Je l'invite d'un geste à me suivre à l'extérieur. Sur la terre des platebandes, je repère aussitôt les empreintes de pieds.

– C'est bien cela, dis-je. Votre voleur s'est introduit par la fenêtre. Je pense qu'il chausse du quarante-trois.

– Incroyable ! Mais, tout de même, je m'interroge... À moins que je ne me trompe, je ne vois là que les empreintes d'une chaussure gauche...

Diable ! Ma cliente a le sens de l'observation.

– Vous avez raison, chère madame... Il n'y a qu'une seule explication possible : le voleur est unijambiste.

– Pas pratique, remarque Mme Serin, quand il faut fuir devant la police ! Vous allez me trouver un brin tatillonne mais... il y a d'autres petits détails qui me chiffonnent un peu...

Les gens sont de plus en plus difficiles à satisfaire de nos jours.

1 **Coche** la phrase qui a le même sens que celle en orange.

Il jette un œil dehors.
- ◯ Il envoie son œil dehors.
- ◯ Il regarde dehors.

J'acquiesce d'un mouvement de tête.
- ◯ Je suis d'accord.
- ◯ Je ne suis pas d'accord.

Un voleur ! s'exclame Mme Serin.
- ◯ Un voleur ! pense Mme Serin.
- ◯ Un voleur ! dit Mme Serin avec étonnement.

Votre voleur s'est introduit par la fenêtre.
- ◯ Votre voleur est sorti par la fenêtre.
- ◯ Votre voleur est entré par la fenêtre.

Sur la terre des platebandes...
- ◯ Sur le trottoir...
- ◯ Sur la bande de terre où poussent des fleurs...

2 **Relie** chaque mot en orange à la personne désignée.

- **Vous** devriez peut-être mettre une alarme. •
- **Je** repère aussitôt les empreintes de pieds. •
- Je pense qu'**il** chausse du quarante-trois. •
- Mais, tout de même, **je** m'interroge... •

- • Gilou
- • le voleur
- • Maman

3 **Remplace** les mots en orange par les mots du texte qui ont le même sens.

a. **Pas de chance** ! Ma cliente a le sens de l'observation. (ligne 13) ______

b. Le voleur **n'a qu'une jambe**. (ligne 15) Le voleur est ______

c. un **peu attentive aux détails** (ligne 17) un ______

d. d'autres petits détails qui m'**embêtent** un peu (ligne 17)

d'autres petits détails qui me ______ un peu

4 **Complète** les déductions faites par Gilou.

Il voit la fenêtre ouverte. ➜ Il dit : c'est ______

Il voit des empreintes de pas. ➜ Il dit : le voleur ______

Il n'y a que les empreintes d'une chaussure gauche. ➜ Il dit : le voleur est ______

Puis **souligne** dans les phrases ci-dessus les indices qui lui permettent de faire ces hypothèses.

5 **Écris** Vrai ou Faux.

a. Maman est étonnée que ce soit un voleur. ______

b. Maman croit Gilou quand il dit que le voleur est unijambiste. ______

c. Gilou trouve que sa maman est difficile à satisfaire. ______

6 **Écris** qui prononce ces paroles : Maman ou Gilou.

- Vous devriez peut-être mettre une alarme. ______

- Un voleur ! Ici ! ______

- C'est bien cela. ______

- Incroyable ! ______

7 **Complète** le résumé pour garder dans ta tête une image de ce qu'il se passe dans l'histoire.

platebandes – voleur – fenêtre – chiffonnent

chaussure gauche – étonnée – unijambiste

Gilou remarque que la ______ est ouverte. Il pense tout de suite que c'est un ______ qui a pris le vase. Maman est ______ que ce soit un voleur. Alors Gilou regarde dans les ______ et il repère des empreintes de pieds. Maman remarque qu'il n'y a que les empreintes d'une ______ ______ . Gilou dit que c'est un voleur ______ . Maman n'y croit pas car d'autres détails la ______ .

ral **8** **Lis** à haute voix de « C'est bien cela » (ligne 9) à la fin du texte.

Fiche 12 + et ++

Les mots d'une histoire policière

1 **Lis** le texte.

Une nouvelle enquête

Le détective Gilou doit résoudre une nouvelle affaire : la disparition d'un vase.
Il a une pièce à conviction : un napperon avec une auréole.
Il a des indices : la fenêtre ouverte, des empreintes de pas.
Qui est le coupable ? A-t-il un suspect ?

2 **Complète** les phrases avec les mots en orange du texte qui conviennent. Certains sont utilisés deux fois.

Gilou mène une nouvelle ______________ . L'______________ est compliquée.
La fenêtre ouverte et les ______________ de pas dans le jardin sont des ______________ pour Gilou. Ces ______________ vont lui permettre de savoir qui a fait disparaitre le vase.
Le napperon avec une auréole est une ______________ pour Gilou.
Cette ______________ lui permet de savoir qu'il y avait un vase sur la table.

3 **Relie** chaque mot à sa définition.

le détective •	• La personne qui a fait disparaitre le vase.
le coupable •	• La personne qui mène une enquête sur la disparition du vase.
le suspect •	• La personne qui a peut-être fait disparaitre le vase.

4 **Lis** les mots du roman policier dans le mémo.
Relie chaque groupe de mots à sa signification.

résoudre un problème •	• Rechercher des indices pour trouver quelqu'un ou quelque chose.
mener une enquête •	• Faire une action qui n'est pas bien.
commettre un méfait •	• Trouver la solution à un problème.

Fiche 13 + et ++

Raconter une enquête (1)

1 **Écris** une ou deux phrases en face de chaque image pour raconter l'enquête de Gilou. **Indique** pourquoi Maman vient chercher Gilou, ce que prend Gilou pour mener son enquête, où il va avec Maman. **Dis** bien chaque phrase dans ta tête avant de l'écrire.

Maman entre dans la chambre de Gilou.

Elle ______________________________

____

Gilou ______________________________

____

Puis il ____________________________

____

Vérifie que tu as mis un point à la fin de chaque phrase.

2 **Continue** à raconter l'enquête de Gilou. **Écris** trois ou quatre phrases. **Indique** où sont Gilou et Maman, ce que fait Gilou à côté de la table, ce qu'il voit dehors, ce que Maman remarque pour les empreintes.

Vérifie que tu as mis les majuscules et les points.

Fiche 14 + et ++

Le plus grand détective du monde (5)

› Se rappeler du début du texte
› Retrouver des informations
› Exprimer des liens logiques

Résumé du chapitre 4

Maman emmène Gilou dans le hall d'entrée. Caramel les suit. Là, elle montre à Gilou les bottes de M. Serin : la botte gauche est sale, la droite est propre. Gilou pense que le voleur astucieux a voulu faire croire qu'il était unijambiste.

Dans le salon, Maman montre à Gilou qu'il y a un peu d'eau sur le parquet et un morceau d'essuie-tout coincé sous la table. Gilou pense que le brigand a renversé de l'eau en prenant le vase et a voulu effacer les traces de son méfait.

Chapitre 5

Voilà qu'elle m'entraine dehors, du côté du garage. C'est là où on laisse la grande poubelle pour le ramassage. Elle ouvre le couvercle, écarte un vieux carton.

– Ça alors ! s'écrie-t-elle. Serait-ce… ? Non, je ne peux y croire !

Mme Serin sort délicatement deux morceaux de verre coloré.

– Je suis formelle, monsieur le détective, ce sont les débris de mon vase chéri. Je le reconnaitrais entre tous ! Auriez-vous une explication ?

Je me gratte la tête. Il fait chaud sous mon chapeau.

– Laissez-moi me concentrer… Il me semble que vous avez un chat ?

– On ne peut rien vous cacher.

oral **1** **Rappelle**-toi l'histoire puis **écris** Vrai ou Faux.

a. Gilou mène une enquête sur la disparition d'un vase. ______

b. Il observe et il fait des déductions. ______

c. Maman est d'accord avec lui. ______

2 **Écris** à côté de chaque mot les mots du texte qui ont le même sens.

une mauvaise action – un voleur – malin

astucieux : ______ un brigand : ______

un méfait : ______

3 **Relie** les indices aux déductions de Gilou.

indices	déductions
une botte pleine de boue et une botte propre •	• Le voleur a effacé les traces de son méfait.
un peu d'eau sur le parquet •	• Le voleur fait croire qu'il est unijambiste.
un morceau d'essuie-tout coincé sous la table •	• Le voleur a renversé de l'eau.

4 **Remplace** chaque mot en orange par le mot du texte qui a le même sens.

a. Je suis **certaine** ! (ligne 12)

Je suis ____________________

b. les **morceaux** de mon vase chéri (ligne 12)

les ____________________ de mon vase chéri.

c. Laissez-moi **réfléchir**... (ligne 15)

Laissez-moi me ____________________

5 **Relie** chaque mot en orange à la personne désignée.

Je suis formelle.	•	
Auriez-**vous** une explication ?	•	• Gilou
Je me gratte la tête.	•	• Maman
Il me semble que **vous** avez un chat ?	•	

6 **Réponds** aux questions par une phrase.

Où sont les personnages ?

____

Où Madame Serin trouve-t-elle les débris de son vase ?

____

7 **Recopie** les deux phrases qui montrent que Gilou n'est pas très à l'aise quand Maman lui montre les débris du vase.

____

____

8 **Coche** la déduction que l'on peut faire en voyant les débris du vase dans la poubelle.

- ☐ Le chat a cassé le vase en jouant.
- ☐ Le voleur a cassé le vase en s'enfuyant.

9 **Écris** qui prononce les paroles suivantes : Maman ou Gilou.

__________ – Ça alors ! s'écrie-t-elle. Serait-ce... ? Non, je ne peux y croire !

__________ – Laissez-moi me concentrer... Il me semble que vous avez un chat ?

__________ – On ne peut rien vous cacher.

al **10** **Lis** à haute voix le chapitre 5.

Fiche 15 + et ++

Écrire in/im, ain, aim, ein, un

1 **Lis** les mots suivants. **Entoure** les lettres qui permettent d'écrire le son [ɛ̃].

quinze – le matin – le singe – vingt – le lutin – inviter – le sapin – cinq
le jardin – le magasin – le dauphin – le dessin – le cousin – le lapin
soudain – le copain – le pain – demain – le train – une main – le bain
un grain – le nain – la faim – le frein – plein – la peinture – chacun – un

Écris les manières d'écrire le son [ɛ̃] : ______________________

Quelles sont les manières les plus courantes d'écrire le son [ɛ̃] ? ________ ________

Quelle est la manière la moins courante d'écrire le son [ɛ̃] ? ________

2 **Lis** les mots suivants. **Entoure** les lettres qui permettent d'écrire le son [ɛ̃].

une imprimante – un timbre – simple – important – impossible

Souligne la lettre qui est après im.

3 **Écris** les mots de l'activité 1 représentés par ces dessins. **Écris**-les avec le déterminant un.

15

________ ________ ________ ________

4 **Entoure**, dans chaque mot, le mot de l'activité 1 que l'on retrouve. Puis **récris** le mot entouré.

jardiner : le ________ trainer : le ________ freiner : le ________
une lapine : le ________ une cousine : le ________ dessiner : le ________

5 **Relie** chaque partie de mot à une autre. Puis **écris** les quatre mots trouvés avec un déterminant.

sa • • pin ________
de • • quin ________
re • • main ________
la • ________

6 **Écris** une phrase avec ces mots. **Entoure** les lettres qui permettent d'écrire le son [ɛ̃].

dessine un singe – le cousin de Romain
ce matin – avec de la peinture noire

____

____

MOTS À MÉMORISER

le pain • la main • cinq • soudain

le matin • le train • la faim • plein

1 Complète ces phrases avec des mots appris.

Tout est calme, ______________ Alain entend un grand bruit.

Chaque ______________ a ______________ doigts.

Tous les jours, le boulanger fait du ______________.

Entoure les lettres qui servent à écrire le son [ɛ̃] dans les mots que tu as écrits.

2 Retrouve un mot mémorisé dans chacun de ces mots. **Récris**-le.

la matinée : le ______________

trainer : le ______________

pleine : ______________

3 Complète avec faim ou fin.

Le lapin a ______________, il grignote une belle salade dans le jardin.

À la ______________ de la récréation, on se range devant la classe.

4 Recopie l'intrus de chaque colonne.

le grain	plein	le timbre	le lutin
la main	cinq	le matin	le sapin
la faim	quinze	une imprimante	le matin
le bain	vingt	une timbale	le pain
______	______	______	______

5 Écris les deux mots invariables mémorisés.

______________ ______________

6 Retrouve des mots appris et **écris**-les.
Chaque lettre est codée avec son numéro de place dans l'alphabet.

13	1	9	14	
20	18	1	9	14
3	9	14	17	

____

____

____

Période 3

Le présent du verbe **aller**

1 **Lis** la page 12 de ton cahier de grammaire.
Puis **lis** ces phrases.

Les deux garçons vont chez le voisin.
Le garçon va chez Pierre.
Je vais à l'école.
Nous allons à l'école.
Tu vas au rez-de-chaussée.
Vous allez au rez-de-chaussée.
La voisine va chez le jeune homme.
La vieille dame et la voisine vont chez le jeune homme.

Souligne le verbe conjugué dans chaque phrase.

Écris son infinitif : ______________________

Écris à quel temps ce verbe est conjugué : ______________________

2 **Complète** la conjugaison du verbe aller.

je ______________ nous ______________
tu ______________ vous ______________
il ______________ ils ______________
elle ______________ elles ______________

3 Sur ton cahier de grammaire, tu peux écrire le titre de la page 12 : Présent du verbe *aller*.

4 **Récris** chaque phrase avec le sujet proposé. **Entoure** le verbe aller conjugué au présent dans chaque phrase.

Nous allons au supermarché. → Vous ______________________________

Je vais dans la classe. → Nous ______________________________

Tu vas sur le stade. → Je ______________________________

Madame Serin va dans le hall. → Monsieur et Madame Serin ______________________________

____

Vous êtes sous la douche. → Tu ______________________________

Gilou et Caramel vont dans le salon. → Caramel ______________________________

Fiche 17 + et ++

Des phrases dans un texte (7)

1 **Lis** le texte.

– Je suis formelle, monsieur le détective, ce sont les débris de mon vase chéri.
Je le reconnaitrais entre tous ! Auriez-vous une explication ?
Je me gratte la tête. Il fait chaud sous mon chapeau.
– Laissez-moi me concentrer... Il me semble que vous avez un chat ?

Écris le nombre de phrases du texte : ______________

Souligne la phrase qui indique que Maman est sure que c'est son vase qui est cassé.
Entoure le point d'exclamation. **Dis** cette phrase avec l'intonation qui convient.

Recopie les deux phrases du texte qui sont des questions.

____

____

Entoure les points d'interrogation. **Dis** ces phrases avec l'intonation qui convient.

2 **Écris** une phrase en utilisant ces groupes de mots. **Commence** la phrase par « Ce matin ».

retrouve les débris de son vase – la maman de Gilou – ce matin

____

Entoure de qui on parle et ce qu'on en dit.

3 **Relie** de qui on parle à ce qu'on en dit.

Le grand détective •	• suit Maman et Gilou.
Caramel •	• ouvre le couvercle de la poubelle.
Madame Serin •	• se gratte la tête.

4 **Souligne** le verbe, puis **entoure** le sujet dans les phrases suivantes.

Le détective a chaud sous son chapeau.
Caramel mange de la viande.
Maman va dans la cuisine.
Gilou est dans le garage.

Le plus grand détective du monde (6)

› Donner du sens à des mots inconnus
› Interpréter les substituts
› Interpréter des informations

Chapitre 5 (suite)

– C'est donc cela... Le voleur profite d'une absence momentanée de votre part pour s'introduire chez vous. Nous avons déjà établi avec certitude qu'il est entré par la fenêtre. Il s'empare du précieux vase mais, car il y a un mais ! il n'aperçoit pas le chat. Sur lequel il bute, malencontreusement. Le voleur lâche le vase qui se brise. Ne voulant laisser aucun indice, il nettoie le sol et jette les morceaux à l'extérieur. Je note au passage qu'il est suffisamment intelligent pour ne pas utiliser la poubelle de la cuisine.
Ensuite, au cas où un grand détective comme moi serait chargé de l'affaire, il essaie de nous induire en erreur en fabriquant de fausses empreintes de pas dans le jardin. Voilà, c'est ainsi que cela s'est passé. Désolé pour votre vase, madame. Mais on l'a retrouvé quand même. Cassé, hélas ! Je compatis à votre peine.

– Trop aimable, répond Mme Serin. Cependant, je ne suis pas aussi sure que vous que l'affaire soit close.

1 **Rappelle**-toi l'histoire. **Écris** Vrai ou Faux.

a. Maman a emmené Gilou voir la poubelle de la cuisine. ________

b. Maman a retrouvé les débris de son vase dans la poubelle du garage. ________

c. Gilou semble un peu embêté par cette découverte. ________

2 **Coche** la phrase qui a le même sens que celle en orange.

Le voleur **profite d'une absence momentanée** de votre part.

- ◯ Le voleur voit que vous êtes absente pour un petit moment et il en profite pour vous voler.
- ◯ Le voleur voit que vous êtes partie pour longtemps et il en profite pour vous voler.

Nous avons déjà **établi avec certitude** qu'il est entré par la fenêtre.

- ◯ Nous ne sommes pas surs qu'il soit entré par la fenêtre.
- ◯ Nous avons montré de manière sure qu'il est entré par la fenêtre.

Il **s'empare du précieux** vase.

- ◯ Il prend le vase qui a de la valeur pour vous.
- ◯ Il laisse le vase qui n'a pas de valeur pour vous.

Il **bute malencontreusement** sur le chat.

- ◯ Il emporte le chat.
- ◯ Il tape dans le chat avec son pied sans le faire exprès.

3 **Remplace** les mots en orange par les mots proposés.

tromper – finie – partage

a. Je **compatis à** votre peine.

Je ______________ votre peine.

b. Il essaie de nous **induire en erreur**.

Il essaie de nous ______________.

c. Je ne suis pas aussi sure que vous que l'affaire soit **close**.

Je ne suis pas aussi sure que vous que l'affaire soit ______________.

4 **Relie** chaque mot en orange à la personne désignée.

Il essaie de nous induire en erreur. •	• Maman et Gilou
On l'a retrouvé quand même. •	• Gilou
Je compatis à votre peine. •	• Maman
Je ne suis pas aussi sure que vous que l'affaire soit close. •	• le voleur

5 **Numérote** les phrases pour raconter l'affaire du vase dans l'ordre des actions, selon Gilou.

- ☐ Il nettoie le sol.
- ☐ Le voleur unijambiste s'introduit dans la maison par la fenêtre.
- ☐ Il jette les morceaux du vase dans la poubelle du garage.
- ☐ Il fabrique de fausses empreintes de pas.
- ☐ Il s'empare du vase.
- ☐ En s'enfuyant, il bute sur le chat et le vase tombe et se casse.

6 **Réponds** aux questions en écrivant une phrase.

Pour Maman, l'affaire est-elle terminée ?

____

Croit-elle à l'histoire de Gilou ?

____

7 **Dis** qui, à ton avis, a cassé le vase, puis **écris**-le : ______________

Écris comment cela s'est passé, selon toi.

____

____

____

Oral **8** **Lis** à haute voix le premier paragraphe du texte.

Fiche 19 + et ++

Les mots de la même famille

1 **Lis** ces groupes de mots.

Gilou a résolu **deux** affaires.

Sa **deuxième** affaire était compliquée.

Dans le mot en vert, **retrouve** le mot en bleu. **Entoure**-le.

deux et **deuxième** sont des mots de la même famille.

Le mot **deuxième** est formé à partir du **mot de base** **deux**.

2 **Entoure** le mot de base dans chaque mot en vert.

Nous avons appris un **chant**.

Nous allons le **chanter** à la fête de l'école.

Tu as perdu une **dent**.

Il n'a plus de **dentifrice**.

Je marche d'un pas **lent**.

Gilou fait le tour de la table **lentement**.

3 **Barre** l'intrus.

le jardin	le matin	un bol
un jardinier	le sapin	un vol
jardiner	la matinée	voler
diner	matinal	un voleur

4 **Complète** avec un mot de la même famille que le mot en bleu.

a. J'ai mal à une **dent**.

Alors, je vais chez le ______________ .

b. Dans le bouquet, il y a une belle **fleur** rouge.

Le ______________ vend des fleurs.

c. Le **temps** est beau.

Les feuilles poussent, c'est le ______________ .

Raconter une enquête (2)

1 **Écris** une ou deux phrases en face de chaque image pour continuer à raconter l'enquête de Gilou. Pour les deux images, tu dois indiquer ce que Maman montre à Gilou et ce qu'il en pense.
Dis bien chaque phrase dans ta tête avant de l'écrire.

Dans le hall, Maman fait remarquer à Gilou ______

Gilou ______

Dans le salon, Maman ______

Gilou ______

Vérifie que tu as mis le point à la fin de chaque phrase.

2 **Continue** à raconter l'enquête de Gilou. **Écris** trois ou quatre phrases.
Indique où Maman emmène Gilou, ce qu'elle lui montre et ce qu'en pense Gilou.

Vérifie que tu as mis les majuscules et les points.

Fiche 21 + et ++

Le plus grand détective du monde (7)

› Se rappeler du récit
› Faire des inférences
› Comprendre des sentiments

Chapitre 6

Maman me prend par le haut de la manche de ma chemise. Je lui ferais bien remarquer que ce n'est pas une façon de traiter un grand détective. Quelque chose dans son regard m'incite à ne pas faire de réflexion…

Quand nous entrons à nouveau dans le salon, Caramel est de retour dans son fauteuil. Il a englouti sa pâtée, ce goinfre. Maman se met à quatre pattes et se penche sous le buffet. Elle a le bras long, plus que moi. Voilà qu'elle attrape un objet là-dessous.

– Tiens donc ! dit-elle. Qu'est-ce que cela, d'après vous ?

Je n'ai pas besoin de la loupe pour le savoir. C'est une balle de tennis.

– Comme c'est curieux ! continue Mme Serin. Je serais prête à jurer que c'est la balle que j'ai confisquée parce qu'une certaine petite personne jouait avec dans le salon ! Je me demande comment elle est arrivée là !

oral **1** **Rappelle**-toi l'enquête menée par Gilou sur la disparition du vase.
Numérote les étapes de l'enquête dans l'ordre.

☐ Gilou observe une auréole faite par de l'eau sur un napperon. Il en déduit qu'il y avait un vase à cet endroit.

☐ Maman fait remarquer qu'il n'y a que l'empreinte d'une chaussure gauche. Gilou en déduit que le voleur est unijambiste.

☐ Maman trouve des morceaux du vase dans la poubelle du garage. Gilou en déduit que le voleur a buté sur le chat, le vase est tombé, il s'est cassé.

☐ Il remarque la fenêtre du salon ouverte et des empreintes de pied dans les platebandes. Il en déduit qu'un voleur est passé par là.

☐ Maman montre à Gilou un morceau d'essuie-tout coincé sous la table et de l'eau sur le parquet. Gilou en déduit que le voleur a renversé de l'eau en prenant le vase et l'a essuyée.

2 **Relie** le mot en orange à sa définition.

engloutir •	• personne qui mange trop et salement
un goinfre •	• manger rapidement

3 **Coche** la phrase qui a le même sens que celle en orange.

Quelque chose dans son regard m'incite à ne rien dire.

☐ Elle me regarde et elle ne dit rien.

☐ Ce que je vois dans les yeux de Maman me pousse à ne rien dire…

4 **Recopie** la phrase du texte qui correspond à l'illustration.

____

Entoure ce que Maman ressent. Elle est contente. - Elle est en colère.

5 **Complète** les phrases.

Gilou n'aime pas que Maman l'emmène de force au salon car on ne fait pas cela à un ______________________ .

Mais il ne dit rien car il voit que Maman ______________________ .

6 **Écris** ce que chaque mot en orange désigne.

Gilou - Maman - dans le salon - la balle de tennis - sous le buffet

Voilà qu'**elle** attrape un objet **là-dessous**.

______________ ______________

Je n'ai pas besoin de la loupe.

____

Qu'est-ce que **cela**, d'après **vous** ?

______________ ______________

une certaine petite personne jouait avec dans le salon !

____

elle est arrivée **là**.

____

7 **Recopie** les mots du texte qui ont le même sens que ceux en orange.

Je **suis certaine** que c'est la balle que j'ai **prise pour le punir**.

Je ______________ que c'est la balle que j'ai ______________ .

8 **Réponds** aux questions en écrivant une phrase.

Pourquoi Maman se met-elle à quatre pattes ?

____

Quel est l'objet qui était sous le buffet ?

____

Oral **9** **Dis**, selon toi, ce que va répondre Gilou à Maman quand elle se demande comment la balle de tennis est arrivée là. **Écris**-le.

____

Oral **10** **Lis** à haute voix le chapitre 6.

Fiche 22 + et ++

Écrire on/om

1 **Lis** les mots suivants.
Entoure la ou les lettres qui permettent d'écrire le son [ɔ̃] dans les deux premières lignes.

le front - une maison - un garçon - une montagne - un bonbon - conduire
un camion - un dindon - long - rond - un mouton - un ballon - un hérisson
un poisson - content - onze - blond - un citron - une fontaine - gonfler - non
un pont - jongler - un savon - une montre - un violon

Écris la manière d'écrire le son [ɔ̃] : ______

2 **Lis** les mots suivants. **Entoure** les lettres qui permettent d'écrire le son [ɔ̃].

un nombre - la compote - l'ombre - sombre - un compas - un dompteur

Souligne la lettre qui est après om.

3 **Écris** les mots de l'activité 1 représentés par ces dessins. **Écris**-les avec un déterminant.

______ ______ ______ ______

4 **Recopie** les mots de l'activité 1 qui désignent des animaux.

______

5 **Récris** le mot en orange en le complétant avec on ou om.

a. Attention, il va t•ber ! ______
b. Le p•pier éteint le feu avec sa lance à eau. ______
c. Tout à l'heure je vais m•ter dans ma chambre. ______

6 **Recopie** les mots de l'activité 1 terminés par [ɔ̃] qui ont une lettre finale qui ne se prononce pas.

lettre finale t	lettre finale d	lettre finale g
______	______	______
______	______	______

7 **Écris** une phrase avec ces mots. **Entoure** les lettres qui permettent d'écrire le son [ɔ̃].

font une ronde - tous les garçons - autour du monde

______

MOTS À MÉMORISER

onze • un ballon • un poisson • l'ombre

content • blond • long • rond

1 **Complète** chaque phrase avec un des mots appris.

Le frère de Sarah va avoir ____________ ans.

Le petit ____________ rouge nage dans son bocal.

Nous avons le droit de jouer au ____________ dans la cour de récréation.

Tibi est assis à l'____________ du figuier.

Entoure les lettres qui servent à écrire le son [ɔ̃] dans les mots que tu as écrits.

2 **Complète** chaque groupe de mots.

une fillette blonde ➜ un garçon ____________

une robe longue ➜ un pantalon ____________

une table ronde ➜ un ballon ____________

une sportive contente ➜ un sportif ____________

3 **Écris** la réponse à chaque devinette.

a. Je peux être rond ou ovale, je suis un ____________.

b. Je suis un animal qui vit dans l'eau, je suis un ____________.

c. Je suis le nombre après 10, je suis le nombre ____________.

d. Je suis le contraire de triste, je suis le mot ____________.

4 **Reconstitue** trois mots avec les étiquettes puis **écris**-les.

ba – poi – con – tent – sson – llon

un ____________ un ____________ ____________

5 **Retrouve** des mots appris et **écris**-les.
Chaque lettre est codée avec son numéro de place dans l'alphabet.

12	15	14	7

____

15	13	2	18	5

____

18	15	14	4

____

2	12	15	14	4

____

Les relations entre les mots d'un texte (3)

oral **1** **Lis** le texte puis **relis**-le en remplaçant Gilou par Gilou et Fabio.

> **Gilou va** à nouveau au salon avec Maman. **Le grand détective n'est pas** content. **Il regarde son chat** Caramel sur le fauteuil. Puis **il observe** la balle de tennis trouvée par Maman sous le buffet. **Il n'a pas** besoin de **sa loupe** pour le faire.

Écris les mots qui changent quand tu remplaces Gilou par Gilou et Fabio.

Gilou va à nouveau au salon avec Maman.

______________________ à nouveau au salon avec Maman.

Le grand détective n'est pas content.

______________________ contents.

Il regarde son chat Caramel sur le fauteuil.

______________________ Caramel sur le fauteuil.

Puis **il observe** la balle de tennis trouvée par Maman sous le buffet.

Puis ______________ la balle de tennis trouvée par Maman sous le buffet.

Il n'**a** pas besoin de loupe pour le faire.

__________ n' __________ pas besoin de loupe pour le faire.

Écris l'infinitif des verbes conjugués.

____

2 **Écris** le texte suivant en remplaçant Les parents de Gilou par Gilou.

Les parents de Gilou vont dans le garage. **Ils sont** devant la poubelle. **Ils trouvent** des morceaux du vase. **Ils ont** l'air en colère.

____

____

3 **Écris** le texte suivant en remplaçant Le chat par Les chats.

Le chat a faim. Il mange. Maintenant il est sur le fauteuil. Il regarde Gilou et Maman.

____

____

Des groupes nominaux (6)

1 **Lis** ces groupes nominaux.

la manche – ma chemise – un détective – le salon – son fauteuil – sa pâtée
ce goinfre – une loupe

Entoure les déterminants et **souligne** les noms.

Recopie les groupes nominaux dans la bonne colonne.

déterminants : un • le • son • ce	déterminants : une • la • ma • sa
....	....
....	....

2 **Lis** ces groupes nominaux.

des ombres – mes rollers – tes chats – le vase – un poisson
ses bottes – un objet – ta balle

Entoure les déterminants et **souligne** les noms.

Recopie les groupes nominaux dans la bonne colonne.

déterminants : un • le • ta	déterminants : des • tes • ses • mes
....	....
....	....

3 **Complète** chaque groupe nominal par un nom de ton choix.

Dans ma trousse, j'ai un ____________, une ____________, un ____________.
Dans mon sac, j'ai ma ____________, un ____________, un ____________.

4 **Souligne** les noms dans chaque phrase. Ne confonds pas le nom avec le verbe.

Dans le salon, Gilou regarde Caramel sur son fauteuil.
Dans le garage, Maman ouvre le couvercle de la poubelle.
Le détective regarde une balle.

Recopie les noms propres.

____

5 **Lis** ces groupes de mots. **Souligne** le mot qu'on peut supprimer.

un grand détective – une petite personne

6 **Colle** les étiquettes à la bonne page de ton cahier de grammaire.

Période 3

Fiche 25 + et ++

Le plus grand détective du monde (8)

› Repérer ce qui est important
› Exprimer des liens logiques
› Interpréter la fin de l'histoire

Chapitre 6 (suite)

Madame Serin est étonnée car elle a trouvé la balle de tennis confisquée à Gilou sous le buffet.

– C'est tout simple, je lui réponds. Le chat que voici a dû la dénicher quelque part et s'amuser… jusqu'à ce qu'elle roule sous le buffet. Et il ne l'a pas retrouvée… même en cherchant bien…

Caramel se lave derrière l'oreille. Il a tout à fait l'air coupable.

– Je me dois de vous contredire, dit Mme Serin. Car, comme je vois les choses… mon brigand n'est pas entré par la fenêtre. Il a joué à la balle dans le salon et cassé mon vase. J'ai dans l'idée qu'il ne chausse pas du quarante-trois, pas plus qu'il n'est unijambiste, qu'il fait environ un mètre trente et qu'il porte un short.

Je me racle la gorge. Je suis pris au piège.

– Hum… Est-ce que je peux appeler mon avocat ?

Maman n'a pas toujours le sens de l'humour. Elle m'envoie dans ma chambre. Privé de télé, privé de gouter. Je suis bien obligé de le reconnaitre : le plus grand détective du monde, c'est Maman.

oral **1** **Rappelle**-toi l'histoire.
Maman a trouvé une balle de tennis sous le buffet. **Écris** ce que Maman veut savoir.

____

2 **Écris** les mots du texte qui ont le même sens que les mots en orange.

a. Le chat a dû la **trouver** quelque part. (ligne 4)

Le chat a dû la ____________________ quelque part.

b. Je me dois de **ne pas dire comme vous**. (ligne 7)

Je me dois de vous ____________________.

c. Je **crois** qu'il ne chausse pas du quarante-trois. (ligne 9)

J' ____________________ qu'il ne chausse pas du quarante-trois.

Entoure l'expression familière que tu as écrite.

3 **Complète** les réponses aux questions en écrivant une phrase. N'oublie pas le point.

Selon Gilou, qui a envoyé la balle sous le buffet ?

C'est ____

Selon Maman, qui a cassé le vase ?

C'est ____

4 **Écris** comment Maman appelle le voleur. ____________________

5 **Recopie** la phrase qui indique que Gilou a compris que Maman savait tout.

____

6 **Coche** le sens du mot avocat dans le texte.

- ◯ Un fruit ovale qui a une peau verte.
- ◯ Une personne dont le métier est de défendre un accusé.

7 **Coche** la phrase qui a le même sens que celle en orange.

Maman n'a pas toujours le sens de l'humour.

- ◯ Maman rit de la plaisanterie de Gilou qui demande à parler à son avocat.
- ◯ Maman n'a pas envie de rire quand Gilou demande s'il peut appeler son avocat.

8 **Coche** les raisons pour lesquelles Maman n'est pas contente.

◯ Gilou a cassé le vase. ◯ Gilou n'a pas dit la vérité. ◯ Gilou aime jouer au détective.

9 **Relie** les indices aux déductions de Maman.

indices	déductions
une balle sous le buffet •	• Gilou a jeté les débris du vase à la poubelle.
des débris de vase dans la poubelle •	• Gilou a repris sa balle et a joué avec au salon.
un peu d'eau sur le parquet •	• Gilou a fait croire qu'un voleur est passé par la fenêtre.
la fenêtre ouverte, des empreintes de pas •	• Le vase s'est renversé et de l'eau a coulé.
de l'essuie-tout coincé sous la table •	• Gilou a essuyé l'eau avec de l'essuie-tout.
une botte propre et une botte sale •	• Gilou a fait les empreintes avec une seule botte.

10 **Entoure** le texte qui résume le mieux l'histoire.

A. Gilou a déjà résolu deux affaires. Un jour, sa mère lui demande de résoudre une nouvelle affaire. Un vase a disparu ! Gilou enquête.
Il trouve des indices mais Maman aussi. Gilou en déduit que c'est un voleur unijambiste qui a pris le vase. En s'enfuyant, il a buté sur le chat Caramel et a fait tomber le vase qui s'est cassé. Maman est d'accord avec Gilou.

B. Gilou a déjà résolu deux affaires. Un jour, sa mère lui demande de résoudre une nouvelle affaire. Un vase a disparu ! Gilou enquête.
Il trouve des indices mais Maman aussi. Gilou en déduit que c'est un voleur unijambiste qui a pris le vase. En s'enfuyant, il a buté sur le chat Caramel et a fait tomber le vase qui s'est cassé. Maman n'est pas d'accord avec lui. Elle pense que c'est Gilou qui a cassé le vase en jouant à la balle et qu'il a essayé de faire croire à un vol.
Gilou, pris au piège, est puni. Il reconnait que Maman est un bon détective.

al **11** **Lis** à haute voix le texte.

Fiche 26 + et ++

Former des mots (1)

1 **Lis** ces noms.

une **fleur** - un fleuriste
une **dent** - un dentiste
un **garage** - un garagiste

Écris le groupe de lettres qui a servi à former les noms de métier à partir du nom de base en gras : ____________

C'est un suffixe.
Le nom de base peut parfois être un peu modifié.

Écris d'autres noms de métiers avec le suffixe -iste à partir des mots de base en gras.

Elle écrit dans un **journal**, c'est une ____________ .
Elle joue du **violon**, c'est une ____________ .
Elle répare le **chauffage**, c'est une ____________ .

2 **Lis** ces noms.

un **vol** - un voleur
un **chant** - un chanteur
une **danse** - un danseur

Écris le suffixe qui a servi à former les noms à partir du nom de base : ____________

Complète chaque phrase avec un nom formé avec le suffixe -eur.

Il nage, c'est un ____________.
Il danse, c'est un ____________.
Il boxe, c'est un ____________.

3 **Écris** des noms d'arbres, comme dans l'exemple.

une pomme ➜ un pommier
une poire ➜ un ____________
une prune ➜ un ____________
un abricot ➜ un ____________

Écris le suffixe que tu as utilisé : ____________

Raconter un méfait

Maman fait son enquête. Elle trouve ce qu'il s'est passé. Raconte le méfait commis par Gilou.

1 **Écris** une phrase sous chaque dessin.

Gilou est dans le salon. Il ____________________

La balle ____________________

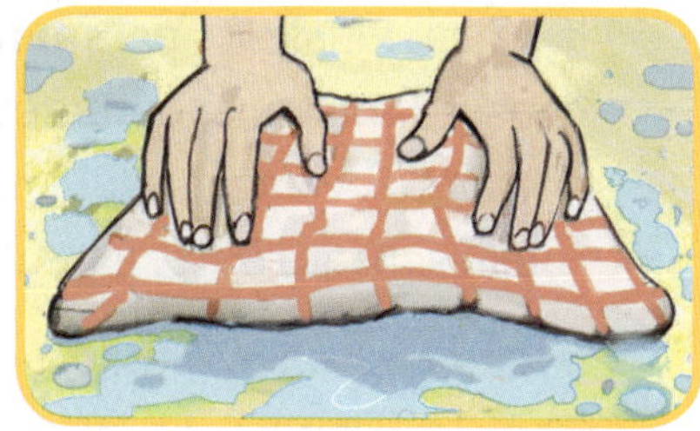

Gilou ____________________

Gilou ____________________

Il ____________________

Il ____________________

Vérifie que tu as mis le point à la fin de chaque phrase.

2 **Recopie** les phrases que tu as écrites pour constituer un texte.
Pour cela, **commence** par Un jour. Puis **écris**, au début des 3e, 4e, 5e et 6e phrases : tout à coup, alors, puis, enfin. **Mets** une virgule après chacun de ces mots.
Réunis les deux dernières phrases en une seule en utilisant et.

Un jour, Gilou

Vérifie que tu as mis les majuscules et les points à la fin de chaque phrase et que tu as mis une virgule après *tout à coup, alors, puis, enfin.*

Vers 1900, à la campagne (1)

› Repérer et relier des informations
› Donner du sens à des mots inconnu
› Interpréter les substituts

La plupart des Français habitent à la campagne et travaillent dans les champs. Antoinette, 7 ans, habite une ferme dans un petit village de Picardie.

Sur la place du village

Pour aller à l'école, Antoinette traverse la place du village. Il y a toujours du monde sur la place. Plusieurs personnes tirent de l'eau à la fontaine car il n'y a pas d'eau courante dans les maisons. L'étameur est installé devant la mairie. Il vient deux fois par an. De nombreux villageois lui apportent des seaux et des bassines percées ou des ustensiles rouillés. Il les remet à neuf.

Les activités au village

Dans le village, il y a un café-épicerie et un forgeron maréchal-ferrant. Le forgeron fabrique et répare les outils en fer utilisés dans les fermes. Il ferre aussi les chevaux. Antoinette aime le regarder actionner le soufflet puis retirer le métal rougi et le battre sur l'enclume.

Les jours de lessive, Antoinette aide sa maman. C'est un travail long et fatigant car il faut laver le linge à la main. Antoinette aime bien aller au lavoir. Elle écoute les femmes qui bavardent pendant qu'elles rincent le linge.

L'atelier du forgeron

Au lavoir

oral **1** **Lis** le titre du texte documentaire et **observe** les illustrations. **Recopie** le titre de chaque paragraphe.

____

2 **Coche** ce que tu apprends grâce au texte.

- ○ comment on vivait autrefois
- ○ comment on vit à notre époque
- ○ comment on vivait en ville
- ○ comment on vivait à la campagne, dans un village

3 **Remplace** les mots en orange par des mots du texte.

a. **Beaucoup de** Français habitent à la campagne. (ligne 1)

______________ Français habitent à la campagne.

b. Il n'y a pas **d'eau qui coule au robinet** dans les maisons. (ligne 5)

Il n'y a pas ______________ dans les maisons.

4 **Complète** la phrase.

Un villageois est une personne qui habite dans un ______________.

5 **Entoure** les noms qui désignent des ustensiles.

un seau - une bassine - une chaise - une casserole - une poêle - un livre - une marmite

6 **Réponds** aux questions par une phrase.

a. Où travaillent la plupart des Français en 1900 ?

b. Qui est Antoinette ?

c. Où habite-t-elle ?

d. À quelle époque vit-elle ?

e. Quel bâtiment important du village se trouve sur la place ?

7 **Écris** une phrase pour expliquer le travail de l'étameur.

8 **Relie** chaque verbe en orange à l'action qui correspond.

ferrer un cheval •	• Passer sous l'eau pour enlever la lessive.
actionner le soufflet •	• Mettre un fer sur le sabot d'un cheval.
rincer le linge •	• Frapper sur le métal.
battre le métal •	• Mettre en marche un objet qui envoie de l'air.

9 **Écris** qui est désigné par le pronom en orange.

Elle écoute les femmes qui bavardent pendant qu'elles rincent le linge.

10 **Numérote** les phrases dans l'ordre pour expliquer le travail du forgeron.

- ☐ Il frappe sur le métal rougi pour lui donner la forme qu'il veut.
- ☐ Il retire le métal rougi.
- ☐ Il place le métal rougi sur l'enclume.
- ☐ Il place le métal dans le feu.
- ☐ Il actionne le soufflet pour que le feu chauffe bien.

11 **Coche** ce qui est vrai.

- ○ En 1900, on lave le linge à la machine.
- ○ En 1900, on lave le linge à la main.
- ○ Les femmes vont au lavoir pour rincer le linge.
- ○ Les femmes vont au lavoir pour bavarder.

al **12** **Lis** à haute voix le deuxième paragraphe du texte.

Écrire m, mm

1 **Lis** les mots suivants. **Entoure** la ou les lettres qui permettent d'écrire le son [m].

un mouton - un mois - un camion - une pomme - un pommier - aimer
un domino - même - un homme - une femme - manger - le maitre
un costume - la maitresse - maintenant - une main - la musique
la grammaire - commander - monsieur - une plume - une flamme

Écris les deux manières d'écrire le son [m] : ________ ________

2 **Écris** avec des déterminants les mots de l'activité 1 représentés par ces dessins.

________ ________ ________ ________

3 **Ajoute** une lettre devant ...omme pour obtenir quatre mots. **Complète** les phrases avec ces mots.

a. Enzo efface un mot avec sa ________.

b. Je croque dans une ________.

c. Mamie dit : - ________ tu as grandi !

d. Un ________ frappe à la porte.

4 **Écris** les mots de l'activité 1 qui se terminent par -me ou -mme dans la colonne qui convient.

-me	-mme
....	....
....	....

5 **Écris** les verbes qui sont de la même famille que les noms suivants.

Exemple : le calme ➜ calmer

une gomme ➜ ________
une rame ➜ ________
le parfum ➜ ________

une lime ➜ ________
une forme ➜ ________
un film ➜ ________

6 **Écris** une phrase avec ces mots. **Entoure** la ou les lettres qui permettent d'écrire le son [m].

au restaurant - commande une crème à la mangue - monsieur Martin

____

MOTS À MÉMORISER

un mois • une pomme • manger • le maitre/la maitresse

maintenant • même • la musique • aimer

1 Complète ces phrases avec des mots appris.

Je cueille une ______________ sur le pommier pour la ______________ tout de suite.

Il y a douze ___________ dans une année.

La ______________ de CE1 et le ______________ de CP sont dans la cour de récréation.

Entoure la ou les lettres qui servent à écrire le son [m] dans les mots que tu as écrits.

2 Écris trois mots appris avec ces étiquettes.

sique | te | mer | main | ai | nant | mu

______________ ______________ une ______________

Entoure la ou les lettres qui servent à écrire le son [m] dans les mots que tu as écrits.

3 Écris le mot appris qui a un accent circonflexe. Puis **complète** la phrase avec ce mot.

______________ Zoé et Lisa sont dans la ______________ classe.

4 Écris la réponse à chaque devinette.

a. Je suis un fruit. Qui suis-je ? ______________

b. Je suis un homme et je travaille auprès d'élèves. Qui suis-je ? ______________

c. Je suis une femme et je travaille auprès d'élèves. Qui suis-je ? ______________

5 Écris les deux verbes mémorisés.

______________ ______________

6 Complète avec mois ou moi.

Mon petit frère veut toujours jouer avec ______________.

Noël est au ______________ de décembre.

7 Retrouve trois mots mémorisés. **Écris**-les.
Chaque lettre est codée avec son numéro de place dans l'alphabet. N'oublie pas l'accent s'il y en a un.

13	5	13	5

____

13	21	19	9	17	21	5

____

13	1	9	14	20	5	14	1	14	20

____

La relation sujet-verbe au passé (1)

1 **Lis** le texte.

> Antoinette traverse la place pour aller à l'école. Elle a le temps. Elle regarde autour d'elle. Des femmes sont à la fontaine. Elles tirent de l'eau. Les villageois apportent des ustensiles à l'étameur. Il répare tout dans la journée.

oral **Dis** le texte au passé en commençant par Quand Antoinette était petite.
Puis **écris** les verbes au passé avec leur sujet.

Antoinette traverse la place pour aller à l'école.

Quand Antoinette était petite, ______________________ la place pour aller à l'école.

Elle a le temps. Elle regarde autour d'elle.

____ autour d'elle.

Des femmes sont à la fontaine. Elles tirent de l'eau.

____ .

Les villageois apportent des ustensiles à l'étameur.

____ des ustensiles à l'étameur.

Il répare tout dans la journée.

__________________________ tout dans la journée.

Indique l'infinitif des verbes conjugués : ______________________________________

____

2 **Colle** les étiquettes à la bonne page dans ton cahier de grammaire.

3 **Écris** le texte suivant au passé.

Elle est dans la rue, elle rencontre des camarades. Elles arrivent ensemble à l'école.

Quand Sarah était petite, ____

____

4 **Écris** le texte suivant au passé.

Les villageois sont sur la place. L'étameur répare les ustensiles.

Autrefois, ____

____

Fiche 31 + et ++

Des groupes nominaux (7)

1 **Lis** ces groupes nominaux.

la place – le village – la campagne – une ferme – la fontaine – le linge
un lavoir – sa maman – un ustensile

Entoure les déterminants et **souligne** les noms.
Recopie les groupes nominaux dans la bonne colonne.

déterminants : un • le	déterminants : une • la • sa
....	....
....	....
....	....
....	....
....	....

2 **Lis** ces groupes nominaux.

les champs – les maisons – les chevaux – le soufflet – des outils – la main – la lessive

Entoure les déterminants et **souligne** les noms.
Recopie les groupes nominaux dans la bonne colonne.

déterminants : le • la	déterminants : des • les
....	....
....	....
....	....
....	....

3 **Écris** chaque groupe nominal en remplaçant le déterminant l' par un ou une.

l'eau ____________ l'école ____________
l'outil ____________ l'arbre ____________

4 **Complète** chaque groupe nominal avec un ou une.

des femmes ➜ ________ femme
des villages ➜ ________ village
des bassines ➜ ________ bassine

les champs ➜ ________ champ
les jours ➜ ________ jour
les places ➜ ________ place

5 **Lis** ces groupes de mots. **Souligne** le mot qu'on ne peut pas supprimer.

des bassines percées – des ustensiles rouillés

6 **Colle** les étiquettes à la bonne page de ton cahier de grammaire.

Fiche 32 + et ++

Vers 1900, à la campagne (2)

- Donner du sens à des mots inconnus
- Repérer ce qui est important
- Interpréter les substituts

La moisson

Le jeudi et pendant les vacances, Antoinette aide ses parents dans les champs. Il faut faire tous les travaux à la main.
L'été, c'est la moisson. Pour couper le blé, on utilise de grandes faux. La récolte est plus rapide qu'avec une faucille mais le travail reste très dur. Dans la grosse ferme, située en dehors du village, le fermier utilise une faucheuse tirée par des chevaux. Pour battre le blé, il se sert d'une batteuse actionnée par une machine à vapeur, la locomobile. Elle se déplace de village en village et de ferme en ferme.

De nouvelles cultures

Pour la première fois, cette année, le papa d'Antoinette cultive des pommes de terre et des betteraves à sucre. Antoinette sait qu'il y aura beaucoup de travail à l'automne, car il faudra tout arracher à la main. Elle devra travailler dans les champs le soir, avant de faire ses devoirs. Mais Antoinette pense aussi : « Si les récoltes sont bonnes, peut-être que Papa m'emmènera à Paris voir la tour Eiffel qui vient d'être construite... C'est possible, maintenant, avec le train à vapeur qui passe dans le village voisin depuis l'année dernière. »

Des faucheurs

Une locomobile

1 **Recopie** le titre de chaque paragraphe.

______________________ ______________________

2 **Écris** le nom de chaque outil.

 ______________________

 ______________________

3 **Relie** chaque nom à sa définition.

une batteuse •	• une machine pour enlever les grains des épis de blé
une locomobile •	• une machine pour couper le blé
une faucheuse •	• la récolte du blé
la moisson •	• une machine à vapeur qui actionne une batteuse

4 **Réponds** aux questions par une phrase.

Quand Antoinette aide-t-elle ses parents dans les champs ?

____

À quoi sert le blé que l'on récolte à la moisson ?

____

5 **Écris** qui est désigné par le pronom en orange.

Pour battre le blé, **il** se sert d'une batteuse actionnée par une machine à vapeur, la locomobile. ____________________

Elle se déplace de village en village et de ferme en ferme.

____

6 **Complète** le texte pour bien comprendre la moisson.

Vers 1900, dans les champs, quand le blé est mûr, des ____________________ le coupent avec une ____________________. Dans certaines fermes, on utilise une ____________________ tirée par des ____________________.

7 **Réponds** aux questions par une phrase.

a. Que cultive le papa d'Antoinette, pour la première fois ?

____

b. À quel moment de l'année Antoinette devra-t-elle aller dans les champs, le soir ?

____

c. Où Antoinette aimerait-elle aller avec Papa ?

____

8 **Écris** Vrai ou Faux.

a. Cela fait longtemps que le train à vapeur passe dans le village voisin. __________

b. La tour Eiffel a été construite un peu avant 1900. __________

c. Avec des betteraves à sucre, on fabrique du sucre. __________

9 Vers 1900, il y a des nouveautés. **Coche** celles dont on parle dans le texte.

- ◯ On utilise une faucheuse tirée par des chevaux pour couper le blé.
- ◯ Pour battre le blé, on se sert d'une batteuse actionnée par une machine à vapeur, la locomobile.
- ◯ Dans certaines maisons, en ville, il y a l'eau courante.
- ◯ La tour Eiffel vient d'être construite.
- ◯ L'électricité commence à être utilisée.
- ◯ Un train à vapeur passe dans le village voisin.

Oral **10** **Lis** à haute voix le dernier paragraphe du texte.

Période 4

Fiche 33 + et ++

Utiliser le dictionnaire (1)

Pour trouver le sens d'un mot, on peut utiliser le dictionnaire.

1 **Cherche** le mot moisson dans le dictionnaire.
Il est dans les pages qui correspondent à sa première lettre.

Écris sa première lettre : ______

Observe la suite alphabétique sur la double page de dictionnaire ci-dessous.

Fais une croix à côté des deux lettres m surlignées en vert sur les deux côtés des pages.
Elles indiquent que tu es bien aux pages des mots commençant par m.

2 **Recopie** le mot repère en haut de la page de gauche : ______
C'est le premier mot défini sur la page de gauche.

Recopie le mot repère en haut de la page de droite : ______
C'est le dernier mot défini sur la page de droite.

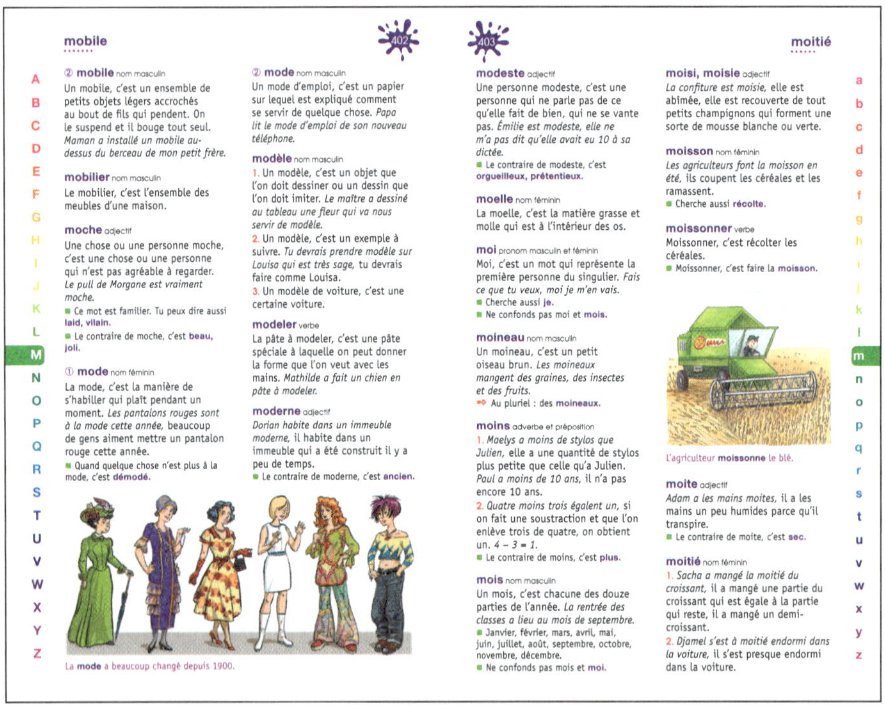

mobile

A B C D E F G H I J K L M N O P Q R S T U V W X Y Z

② **mobile** nom masculin
Un mobile, c'est un ensemble de petits objets légers accrochés au bout de fils qui pendent. On le suspend et il bouge tout seul. *Maman a installé un mobile au-dessus du berceau de mon petit frère.*

mobilier nom masculin
Le mobilier, c'est l'ensemble des meubles d'une maison.

moche adjectif
Une chose ou une personne moche, c'est une chose ou une personne qui n'est pas agréable à regarder. *Le pull de Morgane est vraiment moche.*
■ Ce mot est familier. Tu peux dire aussi **laid, vilain.**
■ Le contraire de moche, c'est **beau, joli.**

① **mode** nom féminin
La mode, c'est la manière de s'habiller qui plaît pendant un moment. *Les pantalons rouges sont à la mode cette année,* beaucoup de gens aiment mettre un pantalon rouge cette année.
■ Quand quelque chose n'est plus à la mode, c'est **démodé.**

La **mode** a beaucoup changé depuis 1900.

402

② **mode** nom masculin
Un mode d'emploi, c'est un papier sur lequel est expliqué comment se servir de quelque chose. *Papa lit le mode d'emploi de son nouveau téléphone.*

modèle nom masculin
1. Un modèle, c'est un objet que l'on doit dessiner ou un dessin que l'on doit imiter. *Le maître a dessiné au tableau une fleur qui va nous servir de modèle.*
2. Un modèle, c'est un exemple à suivre. *Tu devrais prendre modèle sur Louisa qui est très sage,* tu devrais faire comme Louisa.
3. Un modèle de voiture, c'est une certaine voiture.

modeler verbe
La pâte à modeler, c'est une pâte spéciale à laquelle on peut donner la forme que l'on veut avec les mains. *Mathilde a fait un chien en pâte à modeler.*

moderne adjectif
Dorian habite dans un immeuble moderne, il habite dans un immeuble qui a été construit il y a peu de temps.
■ Le contraire de moderne, c'est **ancien.**

403

modeste adjectif
Une personne modeste, c'est une personne qui ne parle pas de ce qu'elle fait de bien, qui ne se vante pas. *Émilie est modeste, elle ne m'a pas dit qu'elle avait eu 10 à sa dictée.*
■ Le contraire de modeste, c'est **orgueilleux, prétentieux.**

moelle nom féminin
La moelle, c'est la matière grasse et molle qui est à l'intérieur des os.

moi pronom masculin et féminin
Moi, c'est un mot qui représente la première personne du singulier. *Fais ce que tu veux, moi je m'en vais.*
■ Cherche aussi **je.**
■ Ne confonds pas moi et **mois.**

moineau nom masculin
Un moineau, c'est un petit oiseau brun. *Les moineaux mangent des graines, des insectes et des fruits.*
➾ Au pluriel : des **moineaux.**

moins adverbe et préposition
1. *Maelys a moins de stylos que Julien,* elle a une quantité de stylos plus petite que celle qu'a Julien. *Paul a moins de 10 ans,* il n'a pas encore 10 ans.
2. *Quatre moins trois égalent un,* si on fait une soustraction et que l'on enlève trois de quatre, on obtient un. *4 – 3 = 1.*
■ Le contraire de moins, c'est **plus.**

mois nom masculin
Un mois, c'est chacune des douze parties de l'année. *La rentrée des classes a lieu au mois de septembre.*
■ Janvier, février, mars, avril, mai, juin, juillet, août, septembre, octobre, novembre, décembre.
■ Ne confonds pas mois et **moi.**

moitié

moisi, moisie adjectif
La confiture est moisie, elle est abîmée, elle est recouverte de tout petits champignons qui forment une sorte de mousse blanche ou verte.

moisson nom féminin
Les agriculteurs font la moisson en été, ils coupent les céréales et les ramassent.
■ Cherche aussi **récolte.**

moissonner verbe
Moissonner, c'est récolter les céréales.
■ Moissonner, c'est faire la **moisson.**

L'agriculteur **moissonne** le blé.

moite adjectif
Adam a les mains moites, il a les mains un peu humides parce qu'il transpire.
■ Le contraire de moite, c'est **sec.**

moitié nom féminin
1. *Sacha a mangé la moitié du croissant,* il a mangé une partie du croissant qui est égale à la partie qui reste, il a mangé un demi-croissant.
2. *Djamel s'est à moitié endormi dans la voiture,* il s'est presque endormi dans la voiture.

a b c d e f g h i j k l m n o p q r s t u v w x y z

3 **Lis** tous les mots définis entre les deux mots repères. **Entoure** le mot moisson.

Coche la bonne réponse : le mot mouton pourrait être placé entre ces deux mots repères.

○ Oui ○ Non

Recopie le mot qui se trouve avant moisson : ______

Recopie le mot qui se trouve après moisson : ______

Complète.

L'illustration de la page de gauche se rapporte au mot : ______

L'illustration de la page de droite se rapporte au mot : ______

4 **Lis** l'article concernant le mot moisson.

Fiche 34 + et ++

Écrire un texte documentaire (1)

1 **Observe** le dessin qui montre Antoinette et sa maman en train de faire la lessive. **Réponds** à chaque question par une phrase pour comprendre les étapes de la lessive d'autrefois.

Qu'est-ce qu'Antoinette apportait pour faire du feu dans la petite chaudière ?

___

Qu'est-ce que Maman allumait ?

___

Que posait-elle sur la chaudière ?

___

___

Quand l'eau était chaude, où la versait-elle ? ___

___

Vérifie que tu as bien mis les majuscules et les points.

2 **Complète** le texte qui raconte la lessive d'autrefois en t'aidant des phrases que tu as écrites dans l'activité 1. **Écris** un titre.

___

Vers 1900, il n'y avait pas de machine à laver, la lessive se faisait à la main une fois par mois.

___ .

Puis ___ .

Ensuite, elle mettait le linge sale et de la cendre dans le cuvier.

Puis ___ .

Elle laissait tremper un peu. Elle mettait le linge sur la planche et elle le savonnait.

Elle le brossait et elle le frappait avec le battoir pour bien le nettoyer.

Ensuite, elle allait au lavoir pour ___ .

3 **Écris** deux ou trois phrases au passé pour raconter ce que les femmes faisaient au lavoir. Aide-toi de la photo page 44.

Vérifie que tu as bien mis les majuscules et les points, que tu as conjugué les verbes au passé et que tu as mis un titre.

Vers 1900, à Paris (1)

› Se rappeler des informations connue
› Donner du sens à des mots inconnu
› Repérer les informations importante

Des gens, venus de la campagne, s'installent en ville. Les villes s'agrandissent et la circulation est de plus en plus importante. Émile a 7 ans, il habite dans un beau quartier de Paris.

Les immeubles

L'immeuble où habite Émile est neuf. Il a été construit il y a une vingtaine d'années le long d'une belle avenue bordée d'arbres. Il habite au quatrième étage. L'appartement est équipé du gaz et de l'eau courante. Il y aussi le tout-à-l'égout pour recevoir les eaux usées que l'on jetait avant dans les rues. C'est un grand confort pour l'époque !
Mais il n'y a pas de salle de bain et les toilettes sont sur le palier. Ce n'est pas comme au premier étage où habite une famille qui a plusieurs domestiques. Les domestiques sont logés sous les toits dans des chambres sans confort.

Les grands magasins

Le père d'Émile est employé dans un grand magasin : *La Belle Jardinière*. Le magasin est immense, il ressemble à un palais et il y a même des ascenseurs. On y vend toutes sortes de marchandises. C'est nouveau pour l'époque ! Quand la première ligne de métro sera inaugurée, le père d'Émile pourra aller à son travail en métro.

La Belle Jardinière.

1 **Complète** le texte pour te rappeler ce que tu as appris sur la vie en 1900.

la fontaine – l'eau courante – les champs – les chevaux
un forgeron – un train à vapeur – des machines – la main

En 1900, la plupart des Français travaillent dans ______________. Dans les maisons, il n'y a pas ______________, il faut aller à ______________ tirer de l'eau. Dans le village, ______________ répare les outils en fer utilisés dans les fermes et il ferre ______________. La lessive se fait à ______________.
Dans les champs, on commence à utiliser ______________ pour couper le blé et le battre. ______________ passe dans certains villages et permet de se rendre à la ville.

2 **Remplace** les groupes de mots en orange par les mots du texte qui ont le même sens.

a. **Le déplacement des véhicules et des piétons** est de plus en plus important.
______________ est de plus en plus importante.

b. C'est **tout ce qu'il faut pour être bien** pour l'époque !
C'est ______________ pour l'époque !

3 **Écris** chaque mot devant sa définition.

une avenue – le tout-à-l'égout – les eaux usées

a. ______________________: eaux qui ont été salies par les activités de l'homme.

b. ______________________: rue très large.

c. ______________________: un ensemble de tuyaux pour conduire les eaux usées venant des maisons en dehors de la ville.

4 **Recopie** la phrase qui indique que l'appartement a le gaz et l'eau courante.

____

5 **Relie** chaque question à la bonne réponse.

Pourquoi dit-on que, dans l'immeuble d'Émile, c'est le grand confort ? •

Pourquoi la circulation dans les villes est-elle de plus en plus importante ? •

• Parce qu'il y a l'eau courante, le gaz et le tout-à-l'égout.

• Parce qu'il y a des logements sous les toits.

• Parce que beaucoup de gens venus de la campagne se sont installés en ville.

• Parce qu'il y a beaucoup de magasins.

6 **Réponds** aux questions par des phrases.

Où travaille le père d'Émile ?

____

À quoi ressemble le grand magasin ?

____

7 **Écris** Vrai ou Faux.

a. L'appartement du premier étage de l'immeuble d'Émile a une salle de bain et des toilettes. ________

b. *La Belle Jardinière* est une petite épicerie. ________

c. *La Belle Jardinière* est un grand magasin. ________

8 **Coche** la bonne explication.

Une famille a plusieurs domestiques.

- ◯ Une famille a plusieurs personnes qui travaillent chez elle pour préparer les repas, faire le ménage, servir à table...
- ◯ Une famille a plusieurs personnes qui viennent manger chez elle et bavarder.

La première ligne de métro sera bientôt inaugurée.

- ◯ La ligne de métro sera bientôt en construction.
- ◯ La ligne de métro sera bientôt utilisée pour la première fois.

ral **9** **Lis** à haute voix le paragraphe dont le titre est « Les immeubles ».

Fiche 36 + et ++

Écrire n, nn

1 **Lis** les mots suivants.
Entoure la ou les lettres qui permettent d'écrire le son [n] dans la dernière ligne.

jeune - la lune - des lunettes - le téléphone - l'anniversaire - noir - le nez
la nuit - une reine - non - un nom - une personne - donner - cinéma - une minute
un âne - neuf - la piscine - une sardine - connaitre - une année - une banane

Écris les deux manières d'écrire le son [n] : ____________ ____________

2 **Écris** avec des déterminants les mots de l'activité 1 représentés par ces dessins.

____________ ____________ ____________ ____________

3 **Relie** chaque partie de mots à une autre puis **écris** six mots.

cuis •	• une	____________
ban •	• ane	____________
rac •	• ine	____________
mach •		____________
pr •		____________
tart •		____________

4 **Complète** chaque phrase avec le mot qui convient.

mou - nous
Le caramel ____________ colle aux dents.
Karima, Chloé et moi, ____________ sommes dans la même classe.

mois - noix
Vous mangez des ____________.
L'été commence au ____________ de juin.

mord - nord
La voiture roule vers le ____________ de la France.
Ce chien ne ____________ pas.

mon - non
J'ai perdu ____________ stylo.
Le bébé ne veut rien, il dit toujours ____________.

5 **Écris** une phrase avec ces mots. **Entoure** la ou les lettres qui permettent d'écrire le son [n].

donnons des noix et des noisettes - nous - en automne - à notre voisine

____

MOTS À MÉMORISER

jeune • noir • une année • une reine

non • un nom • le nez • le cinéma

1 **Complète** chaque phrase avec un des mots appris.

Lisa a une sœur qui est plus ______________ qu'elle.

Le ciel est tout ______________, l'orage va éclater.

La méchante ______________ donne une pomme empoisonnée à Blanche-Neige.

Dans une ______________, il y a douze mois.

Entoure la ou les lettres qui servent à écrire le son [n] dans les mots que tu as écrits.

2 **Complète** la phrase avec un mot de la famille du mot année.

année : Le bébé a un ______________.

3 **Complète** chaque phrase avec un des mots appris.

J'ai un chien, son ______________ est Billy.

______________, je n'ai pas faim, dit Alex à Papa.

Vous allez au ______________ avec votre frère.

Le clown a un ______________ rouge.

Entoure la ou les lettres qui servent à écrire le son [n] dans les mots que tu as écrits.

4 **Écris** la réponse à chaque devinette. Il s'agit toujours d'un mot appris.

a. Je suis au milieu du visage. Qui suis-je ? ______________

b. Je suis une couleur. Qui suis-je ? ______________

c. Je vis dans un château avec le roi. Qui suis-je ? ______________

5 **Écris** le contraire des mots suivants.

oui / ______________ vieux / ______________

6 **Retrouve** deux mots appris. **Écris**-les avec un déterminant.
Chaque lettre est codée avec son numéro de place dans l'alphabet.
N'oublie pas l'accent s'il y en a un.

1	14	14	5	5

____

14	15	13

____

3	9	14	5	13	1

____

La relation sujet-verbe au passé (2)

1 **Lis** le texte.

Toi, Antoinette, **tu habites** à la campagne. Toi, Émile, **tu es** à Paris.
Et tous les deux, **vous aimez** la tour Eiffel. **Vous avez** un rêve : monter tout en haut.

oral **Dis** le texte au passé en commençant par Toi, Antoinette, quand tu étais petite.
Puis **écris** les verbes au passé avec leur sujet.

Toi, Antoinette, **tu habites** à la campagne.

Toi, Antoinette, quand tu étais petite, ______________ à la campagne.

Toi, Émile, **tu es** à Paris.

Toi, Émile, quand tu étais petit, ______________ à Paris.

Et tous les deux, **vous aimez** la tour Eiffel. **Vous avez** un rêve : monter tout en haut.

Et tous les deux, ______________ la tour Eiffel. Vous ______________ un rêve : monter tout en haut.

Indique l'infinitif des verbes conjugués : ______________

____

2 **Colle** les étiquettes à la bonne page dans ton cahier de grammaire.

3 **Écris** le texte suivant au passé.

Tu es avec Nora. **Tu joues** avec elle. Puis, ensemble, **vous regardez** un livre.

À l'école maternelle, ______________

____

4 **Écris** le texte suivant en remplaçant Tu par Vous.

Tu étais à Paris, tu regardais la tour Eiffel, tu avais un rêve : y monter.

____

____

Des phrases dans un texte (8)

1 **Lis** le texte.

Émile habite à Paris. Son immeuble est confortable. Il a le gaz, l'eau courante et le tout-à-l'égout. L'appartement n'a pas de salle de bain. Le père d'Émile travaille dans un grand magasin. Aujourd'hui, jeudi, Émile peut l'accompagner.
– Viens avec moi au grand magasin. On passera devant la tour Eiffel, dit son père.

Recopie la phrase impérative, puis une phrase déclarative.

____

____

Récris la phrase négative du texte à la forme affirmative.

____

____

2 **Écris** une phrase en utilisant ces groupes de mots.

regarde la tour Eiffel – le jeune garçon

____

____

Entoure de qui on parle et ce qu'on en dit.

3 **Recopie** l'information supplémentaire donnée dans ces phrases.

De sa fenêtre, le jeune garçon regarde la tour Eiffel.

Le jeune garçon regarde la tour Eiffel de sa fenêtre.

____

L'information supplémentaire peut être placée au début ou à la fin de la phrase.

4 **Souligne** le verbe et **entoure** le sujet dans ces phrases.
Attention ! Le sujet n'est pas toujours au début de la phrase.

À Paris, l'immeuble d'Émile est confortable.

Les toilettes sont sur le palier.

Période 4

Fiche 39 + et ++

Vers 1900, à Paris (2)

› Donner du sens à des mots inconnu
› Faire des inférences
› Exprimer des liens logiques

La circulation

Quand Émile va à l'école, il doit faire attention car la circulation dans les rues et sur les places est importante. Il y a des fiacres avec leur cocher en grand manteau et chapeau haut de forme noirs, des charriots et des charrettes transportant toutes sortes de marchandises et parfois même une bicyclette, mais c'est encore rare. Des omnibus tirés par des chevaux assurent un transport collectif. Avec son père, Émile est monté sur l'impériale car c'est moins cher. Les piétons passent entre tous ces véhicules. Le maitre lui a dit que bientôt on se déplacerait en automobile : une voiture avec un moteur à essence !

La Place Clichy, Edmond Grandjean, 1896, musée Carnavalet.

Dans les rues

Émile croise beaucoup de marchands ambulants : des porteurs d'eau car tous les immeubles n'ont pas l'eau courante, des vendeurs de lait, de fruits, de légumes, de poissons, de fromages, de gâteaux, de soupe... Quand il rentre de l'école, il voit aussi l'allumeur des réverbères à gaz qui éclairent la ville le soir. Émile sait que, dans certains quartiers, l'éclairage public est maintenant électrique.

1 **Complète** le texte pour te rappeler ce que tu as appris sur la vie en 1900 à Paris.

ligne de métro – le tout-à-l'égout – les grands magasins – le gaz – l'eau courante

Vers 1900, dans les beaux quartiers, les immeubles neufs ont ______________,
______________ et ______________.
Dans ______________, on peut acheter toutes sortes de marchandises.
Bientôt la première ______________ sera inaugurée.

2 **Recopie** le titre de chaque paragraphe.

______________ ______________

3 **Recopie** tous les mots qui désignent des véhicules dans le texte. **Retrouve** ces véhicules sur l'illustration.

____

____

4 **Écris** chaque mot devant sa définition.

un omnibus – un fiacre – une charrette

________ : voiture tirée par des chevaux et assurant un transport en commun.

________ : voiture tirée par des chevaux transportant toutes sortes de marchandises.

________ : voiture avec cocher, tirée par un cheval et transportant de une à quatre personnes.

5 **Dessine** un chapeau haut de forme.

6 **Recopie** la phrase qui indique que la voiture à essence n'existait pas en 1900.

____

7 **Remplace** les mots en orange par des mots du texte qui ont le même sens.

marchands ambulants – éclairage public – réverbères à gaz

a. les marchands **qui se déplacent dans les rues pour vendre leurs produits**

les ________

b. l'éclairage **des rues et des places d'un village ou d'une ville**

l'________

c. les **lampadaires qui éclairent les rues**

les ________

8 **Réponds** aux questions par une phrase.

a. Que vendent les marchands ambulants ?

____

____

b. Pourquoi a-t-on besoin de porteurs d'eau ?

____

c. Pourquoi n'a-t-on plus besoin de l'allumeur de réverbères dans certains quartiers ?

____

ral **9** **Lis** à haute voix le premier paragraphe.

Former des mots (2)

1 **Complète** la phrase avec un mot formé à partir du verbe en gras.

éclairer : Bientôt, l' __________ sera électrique.

laver : Autrefois, le __________ du linge se faisait à la main.

bavarder : Antoinette aimait écouter le __________ des femmes au lavoir.

Écris le suffixe utilisé : __________

Écris d'autres noms que l'on peut former avec ce suffixe.

colorier : le __________

nettoyer : le __________

sécher : le __________

découper : le __________

chauffer : le __________

démarrer : le __________

2 **Lis** ces phrases.

a. Ce matin, on a pu **démarrer** la voiture mais, maintenant, elle ne veut plus **redémarrer**.

b. Je dois **lire** ce texte une fois puis le **relire** une deuxième fois.

c. Louis veut **prendre** un bonbon et en **reprendre** un autre après.

Écris le groupe de lettres qui a servi à former le verbe en gras à partir du verbe en orange :

____

Ce groupe de lettres est un préfixe.

Indique où est placé le préfixe par rapport au mot de base : __________

Écris d'autres verbes marquant une répétition en utilisant le préfixe re à partir des verbes en gras.

Le jeune chien **monte** les escaliers, descend, puis il __________.

Tom **lave** son pull mais il reste des taches alors il le __________.

J'ai **pris** mon sac, je l'ai posé dans le bus, puis je l'ai __________ avant de descendre.

3 **Relie** les mots de la même famille. **Entoure** les préfixes utilisés pour former des mots qui sont le contraire des mots en gras.

connu •	• décharger
coller •	• inconnu
complet •	• décoller
charger •	• incomplet

Écrire un texte documentaire (2)

1 **Complète** les phrases de ce texte documentaire sur les fiacres. Aide-toi du texte page 60.

Les fiacres

C'étaient les taxis de l'époque. Les fiacres attendaient les clients au coin des rues, sur les places ou sur les boulevards. Un fiacre avait deux ou quatre places.

Il était tiré ____________________

Le cocher portait ____________________

____

Vérifie que tu as mis le point à la fin de chaque phrase.

2 **Observe** l'image de l'omnibus à impériale. **Réponds** à chaque question par une phrase.

Quels animaux tiraient l'omnibus ?

____

____

Où pouvait-on monter ?

____

____

Que faisait le receveur debout sur la plateforme arrière ?

____

Vérifie que tu as mis les majuscules et les points.

3 **Rédige** un court texte pour parler de l'omnibus à impériale vers 1900.
Aide-toi des réponses aux questions de l'activité 2.
Écris un titre et **indique** la période. **Termine** ton texte en écrivant ce qui, à notre époque, remplace l'omnibus dans les villes.

Vérifie que tu as bien mis les majuscules et les points, que tu as conjugué les verbes au passé et que tu as écrit un titre.

Fiche 42 + et ++

Vers 1900, à l'école (1)

› Interpréter les substituts
› Retrouver des informations
› Exprimer des liens logiques

L'école obligatoire

Émile et Antoinette vont à l'école tous les jours, sauf le jeudi et le dimanche. Le ministre de l'Instruction publique, Jules Ferry, vient de décider que l'école était obligatoire pour tous les petits Français. Les filles et les garçons sont dans des écoles différentes. Même pendant la récréation, ils ne sont pas ensemble, ils jouent dans des cours séparées.

Les leçons

Émile et Antoinette apprennent à lire, à écrire, à compter ; mais ils ont aussi des leçons d'histoire, de géographie, de sciences, d'instruction civique et de morale. De plus, ils apprennent le chant et le dessin et ils font de la gymnastique. Antoinette apprend le tricot et la couture ; Émile, lui, fait du travail manuel. Les élèves ont quelques livres mais ils observent surtout des *tableaux pédagogiques*. ⟶

Récompenses et punitions

Antoinette travaille bien. Elle a souvent des bons points. Émile aussi travaille bien. L'année dernière, le jour de la distribution des prix, à la fin de l'année, il a reçu le prix de calcul. Quand les élèves ne travaillent pas bien, ils vont dans un coin de la classe avec un bonnet d'âne.

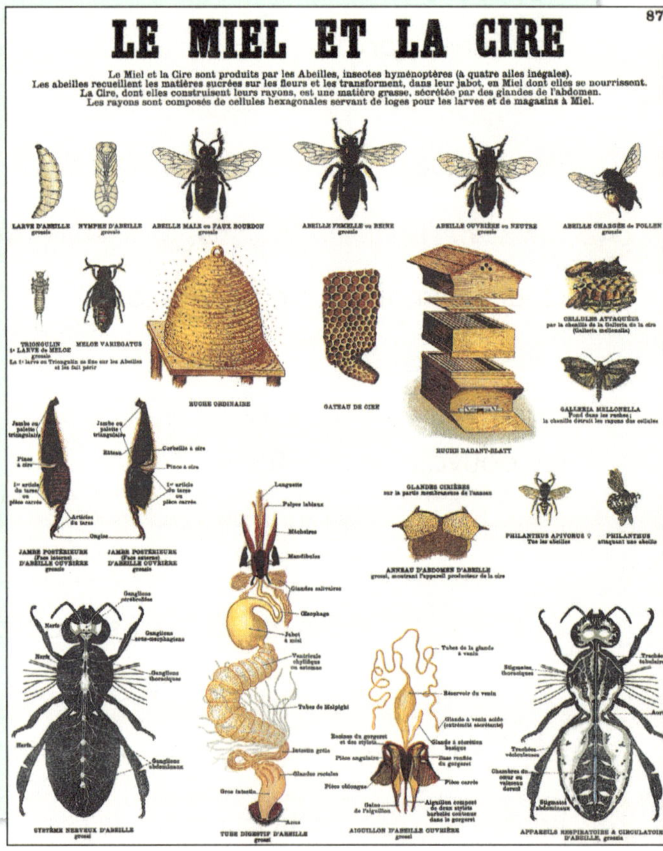

Planche scolaire, *Le miel et la cire*, © Deyrolle.

1 **Recopie** le titre de chaque paragraphe.

....

....

2 **Colorie** les jours de la semaine pendant lesquels Antoinette et Émile vont à l'école.

lundi	mardi	mercredi	jeudi
vendredi	samedi	dimanche	

3 **Écris** le nom du ministre de l'Instruction publique qui a rendu l'école obligatoire.

....

4 **Écris** le titre du tableau pédagogique. ....

5 **Complète** le tableau qui indique les leçons qu'Antoinette et Émile ont dans une semaine.

Les filles	Les garçons
Lecture	....
....	Calcul
Histoire	....
Géographie	....
....	Sciences
Instruction civique	....
Morale	....
Chant	....
....	Dessin
Gymnastique	....
....	....

Entoure les leçons qui ne sont pas les mêmes pour les garçons et les filles.

6 **Relie** chaque mot en orange à la personne désignée.

- Elle a souvent des bons points. •
- Ils observent des tableaux pédagogiques. •
- Il a reçu le prix de calcul. •
- Ils vont dans un coin de la classe avec un bonnet d'âne. •

- • les élèves qui ne travaillent pas bien
- • les élèves
- • Émile
- • Antoinette

7 **Écris** chaque groupe de mots dans la bonne colonne.

les bons points – le bonnet d'âne – les prix

récompenses	punition
________________	________________
________________	________________

8 **Réponds** aux questions par une phrase.

a. Quand les élèves ont-ils des bons points ?

____

b. Quand vont-ils au coin avec un bonnet d'âne ?

____

c. Que se passe-t-il à la fin de l'année pour les élèves qui ont bien travaillé ?

____

d. Quels insectes sont représentés sur le tableau « Le miel et la cire » ?

____

Oral **9** **Lis** à haute voix le paragraphe « Récompenses et punitions ».

Écrire c, qu, q, k

1 **Lis** les mots suivants. **Entoure** les différentes écritures du son [k].

les vacances – beaucoup – découper – écouter – la colle – un carré – une école – avec le corps – un cahier – un cadeau – le cœur – content – un crabe – un lac – tout à coup quatre – quarante – quinze – le quartier – quand – une casquette – un phoque une coquille – cinquante – quatorze – une flaque – un chèque – la musique un anorak – le ski – un koala – un kiwi – cinq – le coq

Écris quatre manières d'écrire le son [k] : ______ ______ ______ ______

Quelles sont les deux manières les plus courantes d'écrire le son [k] ? ______ ______

Il y a une manière d'écrire le son [k] que l'on ne trouve que dans deux mots.

Écris ces mots : ______ ______

2 **Écris** avec des déterminants les mots de l'activité 1 représentés par ces dessins.

   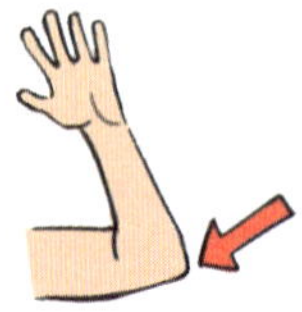

______ ______ ______ ______

3 **Écris** ces nombres en lettres. 14 : ______ 15 : ______

4 **Écris** ces mots dans la bonne colonne. **Entoure** la ou les lettres qui permettent d'écrire [k].

une queue – un castor – la colle – une quille – un cube – un bouquet

c	qu

5 **Complète** chaque mot avec cr ou cl, puis **récris**-le.

une bou___e — une ______
le su___e — le ______
un ___ou — un ______

un ___rabe — un ______
une ___asse — une ______
de l'en___e — de l' ______

6 **Écris** une phrase avec ces mots. **Entoure** la ou les lettres qui permettent d'écrire le son [k].

croquent des noix – cinq écureuils – près du lac – chaque automne

______

MOTS À MÉMORISER

quatre • quarante • cinquante • quand

écouter • un anorak • tout à coup • le corps

1 **Écris** en lettres les nombres suivants.

4 ______ 40 ______ 50 ______

Entoure les lettres qui servent à écrire le son [k].

2 **Complète** avec le même mot appris.

Tu mettais des chaussons ______ tu entrais dans la classe de maternelle.

______ iras-tu au CE2 ?

3 **Écris** le verbe écouter au présent.

Nous ______ de la musique.

Vous ______ vos parents.

4 **Complète** chaque phrase avec un des mots appris.

La tête, le tronc, les bras et les jambes forment le ______.

L'hiver, tu mets ton ______ pour sortir.

5 **Écris** le mot appris qui a le même sens que le mot en orange.

Soudain, le tonnerre a grondé.

______ le tonnerre a grondé.

6 **Recopie** ces mots dans l'ordre alphabétique.

quand - corps - quatre - anorak

______

7 **Écris** le mot appris qui est de la même famille.

écouteur : ______

8 **Écris** le mot appris composé de trois mots : ______

9 **Retrouve** deux mots appris et **écris**-les.
Chaque lettre est codée avec son numéro de place dans l'alphabet.

17	21	1	18	1	14	20	5

______

3	9	14	17	21	1	14	20	5

______

La relation sujet-verbe au passé (3)

1 **Lis** le texte.

Antoinette raconte :
À l'école, **je suis** au CE1. **La maitresse donne** des bons points et **j'**en **ai** beaucoup. À la récréation, **je joue** avec mes camarades. **Nous regardons** nos frères dans la cour à côté de la nôtre. **Ils jouent** aussi. **Nous** les **retrouvons** le soir et **nous rentrons** ensemble.

oral **Dis** le texte au passé. Puis **écris** les verbes au passé avec leur sujet.

Antoinette raconte :

____

À l'école, **je suis** au CE1.

À l'école, l'année dernière, ______________ au CE1.

La maitresse donne des bons points et **j'**en **ai** beaucoup.

______________ des bons points et ______ en ______________ beaucoup.

À la récréation, **je joue** avec mes camarades.

À la récréation, ______________ avec mes camarades.

Nous regardons nos frères dans la cour à côté de la nôtre. **Ils jouent** aussi.

______________ nos frères dans la cour à côté de la nôtre. ______________ aussi.

Nous les **retrouvons** le soir et **nous sommes** ensemble pour rentrer à la maison.

__________ les ______________ le soir et ______________ ensemble.

Écris l'infinitif des verbes conjugués : ______________________________

____

2 **Colle** les étiquettes à la bonne page dans ton cahier de grammaire.

3 **Écris** ce texte au passé.

Tous les matins, **je rencontre** Zoé. **Nous sommes** ensemble jusqu'à l'école.

Autrefois, tous les matins, ______________________________

____

4 **Écris** le texte suivant en remplaçant Je par Nous.

J'habitais près de la tour Eiffel, je passais devant tous les jours.

____

____

Fiche 45 + et ++

Le masculin et le féminin des noms

1 **Lis** ces groupes nominaux.

une chambre – un immeuble – le magasin – la ferme – le vélo

une place – un garçon – une fille

Entoure les déterminants et **souligne** les noms.

Recopie les groupes nominaux dans la bonne colonne.

déterminants : un • le	**déterminants : une • la**

Les déterminants un, le, une, la permettent de savoir si un nom est masculin ou féminin.

Les noms avec le déterminant le ou un sont **masculins**.

Les noms avec le déterminant la ou une sont **féminins**.

2 **Écris** ces groupes nominaux dans le tableau de l'activité 1.

l'école – l'arbre – l'ananas – l'image

3 **Écris** ces noms propres dans le tableau de l'activité 1.

Antoinette – Émile – Gilou – Gloria

4 **Souligne** le nom et **entoure** le déterminant dans ces groupes nominaux.

des écoles différentes – le travail manuel – l'encre violette – une culotte courte

des cours séparées – l'année dernière

Recopie le déterminant et le nom de chaque groupe nominal.

5 **Colle** les étiquettes à la bonne page de ton cahier de grammaire.

Vers 1900, à l'école (2)

› Se rappeler des informations connu
› Attribuer du sens à des mots incon
› Repérer les informations important

En classe, le travail des petits, Jean Geoffroy, 1889.

Dans la classe

À l'école, Émile et Antoinette sont installés à des pupitres ; les tables et les bancs sont attachés ensemble. Ils écrivent à l'encre violette avec un porteplume. Ils trempent la plume dans un encrier. Ils font attention à ne pas faire de taches d'encre sur leur cahier car c'est impossible de les effacer. Ils rangent leur porteplume, leur crayon et leur règle dans un plumier en bois.

La tenue des écoliers

Pour aller à l'école, Émile et Antoinette mettent une blouse boutonnée dans le dos. La fermeture éclair n'existe pas encore ! Émile porte une culotte courte à bretelles et des grandes chaussettes. Antoinette, qui vit à la campagne, va à l'école avec des sabots remplis de paille ou avec des galoches (des souliers montants en cuir avec des semelles en bois). Elle met une robe ou une jupe, des grandes chaussettes mais pas de pantalon ni de collant.

Dans la cour de récréation

Dans la cour de récréation, Émile joue aux billes, aux osselets ou à saute-mouton. Antoinette joue à la marelle, à la corde à sauter ou fait des rondes avec ses camarades.

1 **Rappelle**-toi ce que tu as appris sur l'école en 1900 et **complète** le texte.

obligatoire – jeudi – des prix – dimanche

En 1900, aller à l'école est ______________________. Les enfants y vont tous les jours sauf le ______________________ et le ______________________.

À la fin de l'année, les élèves qui travaillent bien reçoivent ______________________.

2 **Relie** chaque mot à son image.

un encrier • • 

un porteplume • • 

un pupitre • • 

un plumier • • 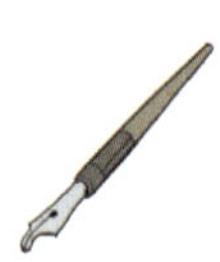

Entoure les deux mots qui sont de la même famille.

3 **Observe** l'illustration et écris Vrai ou Faux.

a. Un élève trace un trait avec une règle et un crayon. ____________

b. Des élèves écrivent sur une ardoise. ____________

c. Des élèves écrivent à l'ordinateur. ____________

d. Des élèves écrivent sur des feuilles de papier. ____________

e. Il y a des filles et des garçons dans la classe. ____________

4 **Réponds** aux questions par une phrase.

a. Pourquoi les élèves ne doivent-ils pas faire de taches d'encre ?

____

b. Que rangent-ils dans leur plumier ?

____

c. De quelles couleurs sont les blouses des élèves ?

____

5 **Écris** les mots représentés par ces dessins.

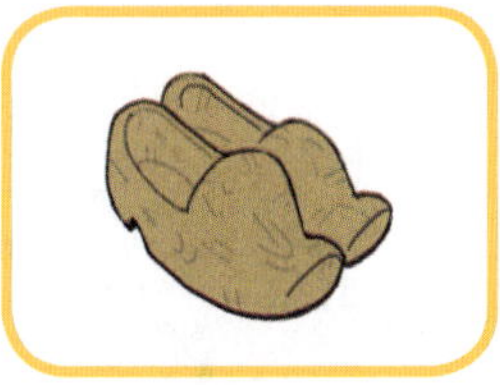

____________ ____________ ____________

6 **Coche** les vêtements portés par les garçons et par les filles.

vêtements	garçons	filles
blouse boutonnée dans le dos	○	○
culotte courte à bretelles	○	○
jupe	○	○
robe	○	○
collants	○	○
chaussettes	○	○

7 **Écris** le nom de chaque jeu à côté de l'explication qui correspond.

la marelle – la ronde – saute-mouton – les osselets

a. On pousse un objet dans des cases dessinées par terre : ____________.

b. On saute par-dessus quelqu'un qui est courbé : ____________.

c. On se tient par la main et on tourne en cercle en chantant : ____________.

d. On lance en l'air et on rattrape des petits objets en forme d'os : ____________.

Oral **8** **Lis** à haute voix le deuxième paragraphe du texte.

Fiche 47 + et ++

Des mots pour parler de l'école vers 1900

1 **Retrouve** ce que désigne chaque numéro. Puis **écris** le bon numéro devant chaque nom.

Reconstitution d'une salle de classe au Musée départemental de l'école, à Chevregny (02).

- ☐ un pupitre
- ☐ un encrier
- ☐ des cartes de géographie
- ☐ un tableau noir
- ☐ le poêle pour chauffer la classe
- ☐ un sac d'écolier

2 **Écris** le nom du jeu de la même famille que le mot en gras.

os : le jeu des ______________________

mouton : le jeu de ______________________

3 **Écris** le mot qui a servi de base pour former les mots en gras.

un **encrier** : l' ______________________

un **plumier** : une ______________________

une blouse **boutonnée** dans le dos : un ______________________

Fiche 48 + et ++

Écrire un texte documentaire (3)

1 **Observe** cette cour de récréation d'autrefois, vers 1950.
Complète les phrases du texte qui indiquent ce que faisaient les garçons dans cette cour.
Écris ces phrases au passé.

Dans la cour de l'école des garçons

Dans cette cour de récréation, un garçon se tenait la tête contre le mur, il était puni.

Deux garçons ______________________ aux billes.

Deux garçons ______________________ à touche-touche.

Quatre garçons ______________________

____

Trois garçons ______________________

Un garçon ______________________ avec le maitre.

Vérifie que tu as conjugué les verbes au passé et que tu as mis un point à la fin de chaque phrase.

2 **Écris** un texte pour dire ce que faisaient les filles dans cette cour de récréation.
Emploie les verbes jouer, sauter, regarder, parler au passé.
Commence ton texte par « Dans cette cour de récréation, … ».

Vérifie que tu as bien mis les majuscules et les points, que tu as conjugué les verbes au passé et que tu as mis un titre.

Fiche 49 + et ++

Poésies : dans la ville

› Approcher le langage poétique
› Donner du sens à des mots inconnus

❶ Dans cette ville

Dans cette ville, il y a une rue tordue.
Dans cette rue, il y a une maison marron.
Dans cette maison, il y a un petit jardin en coin.
Et dans le jardin, un magnolia sépia.
Et dans le magnolia, il y a un nid joli.
Et dans le nid, il y a un lapin malin
Qui bondit,
Atterrit
Sur ton nez
Retroussé.

Béatrice Tanaka, © DR.

❷ L'embouteillage

Feu vert Feu vert Feu vert !
Le chemin est ouvert !
Tortues blanches, tortues grises, tortues noires,
Tortues têtues Tintamarre !
Les autos crachotent,
Toussotent, cahotent
Quatre centimètres
Puis toutes s'arrêtent.

Feu rouge Feu rouge Feu rouge !
Pas une ne bouge !
Tortues jaunes, tortues beiges, tortues noires,
Tortues têtues Tintamarre !
Hoquettent, s'entêtent,
Quatre millimètres,
Pare-chocs à pare-chocs
Les voitures stoppent.

Blanches, grises, vertes, bleues,
Tortues à la queue leu leu,
Jaunes, rouges, beiges, noires,
Tortues têtues Tintamarre !
Bloquées dans vos carapaces
Regardez-moi bien : je passe !

Jacques Charpentreau, *La Ville enchantée*, poèmes pour enfants.

1 **Coche** la bonne réponse.

Les deux textes sont :

○ des documentaires ○ des poèmes ○ des contes

2 **Observe** les deux poèmes. Puis **complète** ce tableau.

	titre des poèmes	auteurs	nombre de strophes (paragraphes)
1	....	....	....
2	....	....	....

3 **Lis** le poème « Dans cette ville ».
Indique le nombre de vers : ____________

4 **Relie** chaque mot du poème « Dans cette ville » à sa définition.

un magnolia •	• court avec le bout relevé
sépia •	• un arbre à grosses fleurs blanches ou roses
un nez retroussé •	• qui est de couleur marron

5 **Entoure** ce que l'auteure du poème « Dans cette ville » a vu dans la ville.

une rue - une voiture - une maison - un arbre - un jardin - un camion - un nid - un lapin

6 **Écris** les mots du poème « Dans cette ville » qui se terminent par les mêmes sons que ces mots.

une **rue** : ______________________

un **jardin** : ______________________

un **nid** : ______________________

bondit : ______________________

une **maison** : ______________________

un **magnolia** : ______________________

un **lapin** : ______________________

ton **nez** : ______________________

7 **Lis** le poème « L'embouteillage ».
Indique le nombre de vers de la strophe 1 : ____ de la strophe 2 : ____ de la strophe 3 : ____

8 **Remplace** les mots en orange par les mots du poème « L'embouteillage » qui ont le même sens.

a. Tortues **qui ne changent pas d'idée** (ligne 4) : Tortues ______________________

b. Tortues têtues **Beaucoup de bruit** ! (ligne 4) : Tortues têtues ______________________ !

9 **Entoure** en bleu les verbes du poème « L'embouteillage » qui indiquent le bruit que font les autos.

Les autos crachotent, toussotent, cahotent, hoquettent, s'entêtent.

10 **Écris** la lettre que l'on retrouve douze fois dans les vers suivants. La lettre : ____________

Tortues blanches, tortues grises, tortues noires,
Tortues têtues Tintamarre !

11 **Réponds** à la question par une phrase.

À quel animal le poète compare-t-il les voitures dans le poème « L'embouteillage » ?

____

12 **Coche** ce qui est vrai.

- ◯ Les tortues-voitures avancent vite.
- ◯ Les tortues-voitures avancent lentement.
- ◯ Le poète est à pied, il peut passer devant les voitures arrêtées.
- ◯ Le poète est en voiture, il est obligé aussi de s'arrêter.

13 **Lis** à haute voix le poème « L'embouteillage ».

Fiche 50 + et ++

Écrire g, gu

1 **Lis** les mots suivants.
Entoure les différentes écritures du son [g].

un gâteau - un magasin - regarder - grand - gris - gros - gouter - un gardien
glisser - une gomme - un gant - gourmand - un garçon - une glace - galoper
le verglas - grimper - une grimace - une grue - la langue - la fatigue
une vague - une guitare - une guenon - une figue - guetter - une bague

Écris les deux manières d'écrire le son [g] : ______ ______

2 **Entoure** la lettre qui est juste après g dans chaque mot et **recopie**-la.

galoper - gouter - glisser - gros : ______ ______ ______ ______
guitare - langue : ______ ______

3 **Écris** avec des déterminants les mots de l'activité 1 représentés par ces dessins.

______ ______ ______ ______

4 **Complète** chaque mot avec g ou gu puis **récris** le mot.

une ___irlande ______
la ___rippe ______
la ___erre ______
la ___auche ______
une ___êpe ______
___onfler ______

5 **Relie** chaque partie de mot à une autre. Puis **écris** les quatre mots trouvés avec un déterminant.

mai •		______
rè •	• gle	______
rectan •	• gre	______
ti •		______

6 **Écris** une phrase avec ces mots.

regarde un guépard et un tigre - un grand garçon - sur des photographies

______

Entoure la ou les lettres qui permettent d'écrire le son [g].

MOTS À MÉMORISER

grand • gris • gros • la langue

regarder • glisser • grimper • gouter/le gouter

1 **Écris** les mots appris qui sont de la famille de ces mots.

grandir : ______

grossir : ______

grisonner : ______

une languette : la ______

Entoure la ou les lettres qui servent à écrire le son [g] dans les mots que tu as écrits.

Entoure la lettre finale muette dans les trois premiers mots que tu as écrits.

2 **Complète** avec un mot appris.

J'ai une banane pour mon ______.

À la cantine, Liam ne veut pas ______ aux épinards.

3 **Complète** avec les verbes glisser, grimper, regarder et gouter conjugués au présent.

a. Tu ______ des photos.

b. Je ______ à cinq heures.

c. Vous ______ sur la glace.

d. Les écureuils ______ en haut de l'arbre.

4 **Écris** la réponse à la devinette.

Je suis dans la bouche et je sers à parler et à gouter les aliments.

Je suis ______.

5 **Écris** le mot appris qui est un verbe et un nom puis **écris** les trois mots qui sont des verbes.

______

6 **Retrouve** trois mots appris et **écris**-les.
Chaque lettre est codée avec son numéro de place dans l'alphabet.

7	18	9	19	

______

7	18	15	19	

______

7	18	1	14	4

______

La relation sujet-verbe au passé (4)

1 **Lis le** texte.

De la fenêtre, **je regarde** les autos avec mon frère.
Feu vert ! **Elles crachotent, toussotent, cahotent.**
Feu rouge ! **Les piétons traversent.**
Nous restons un long moment à la fenêtre.
Maman arrive et **déclare** : « **Vous êtes** encore à la fenêtre ! »

oral **Dis** le texte au passé. Puis **écris** les verbes au passé avec leur sujet.

De la fenêtre, **je regarde** les autos avec mon frère.

Autrefois, de la fenêtre, ______________________ les autos avec mon frère.

Feu vert : **Elles crachotent**, **toussotent**, **cahotent**.

Feu vert : **Elles** ______________, ______________, ______________.

Feu rouge ! **Les piétons traversent**.

Feu rouge ! ______________________________.

Nous sommes un long moment à la fenêtre.

______________ un long moment à la fenêtre.

Maman arrive et **déclare** : « **Vous êtes** encore à la fenêtre ! »

______________ et ______________ : ______________ encore à la fenêtre !

Indique l'infinitif des verbes conjugués : ______________________________

____

2 **Colle** les étiquettes à la bonne page dans ton cahier de grammaire.

3 **Écris** le texte suivant au passé.

Les premières autos roulent lentement. **Elles tombent** souvent en panne.

Autrefois, ______________________________

____

4 **Écris** le texte suivant au passé.

Les hirondelles arrivent avec le printemps. Elles nichent sous les toits.

Autrefois, ______________________________

____

Fiche 52 + et + +

Le singulier et le pluriel des noms

1 **Lis** ces groupes nominaux.

la planète - des tortues - le sac - une maison - les voitures

des lapins - un jardin - des fleurs

Entoure les déterminants et souligne les noms.

Recopie les groupes nominaux dans la bonne colonne.

déterminants : un • le • la • une	déterminants : les • des
....	....
....	....

Les déterminants le, la, un, une, les, des permettent de savoir si un nom est au singulier ou au pluriel.
Les noms avec les déterminants la, le, un ou une sont au **singulier**.
Les noms avec les déterminants les ou des sont au **pluriel**.

Entoure la lettre finale dans les noms au pluriel.

2 **Écris** au pluriel les noms du tableau de l'activité 1 qui sont au singulier.

3 **Écris** au singulier les noms du tableau de l'activité 1 qui sont au pluriel.

4 **Souligne** les noms et **entoure** les déterminants dans ces groupes nominaux.
Récris les groupes nominaux sans les mots qui ne sont ni entourés ni soulignés.

des tortues têtues - des tortues noires - une rue tordue

un petit jardin - un lapin malin - des fleurs nouvelles

5 **Colle** les étiquettes à la bonne page de ton cahier de grammaire.

Poésies : au fil des saisons

› Approcher le langage poétique
› Faire des inférences

1 Le brouillard

Le brouillard a tout mis
Dans son sac de coton ;
Le brouillard a tout pris
Autour de ma maison.

Plus de fleurs au jardin,
Plus d'arbres dans l'allée ;
La serre du voisin
Semble s'être envolée.

Et je ne sais vraiment
Où peut s'être posé
Le moineau que j'entends
Si tristement crier.

Maurice Carême, *La Lanterne magique*,

2 Retour

« Bonjour, bonjour, dit l'hirondelle
qui revient nicher sous mon toit,
j'ai du printemps au bout des ailes
et t'apporte des fleurs nouvelles ;
je te suis fidèle, tu vois ! »

« Merci, merci, dit le poète
de revenir auprès de moi
de l'autre bout de la planète. »

Et j'avais du bleu plein la tête
car l'hirondelle, c'était toi !

Michel Beau, *Jongleries*, éditions Nathan.

1 **Coche** la bonne réponse.

À quoi vois-tu que ces deux textes sont des poèmes ?

◯ Il y a des strophes. ◯ Il y a des oiseaux. ◯ Il y a des vers.

2 **Observe** les deux poèmes. Puis **complète** le tableau ci-dessous.

	titre des poèmes	auteurs	nombre de strophes (paragraphes)
1	....	....	......
2	....	....	......

3 **Lis** le poème « Le brouillard ». **Indique** le nombre de vers de chaque strophe : ____________

4 **Coche** la période de l'année décrite dans ce poème.

◯ l'été ◯ l'automne

5 **Coche** la phrase où le mot **serre** a le même sens que dans ce poème.

◯ Il **serre** sa peluche dans ses bras.

◯ Le jardinier fait pousser des fleurs dans une **serre**, elle est entourée de vitres, il y fait chaud.

◯ Elle **serre** le robinet à fond pour qu'il ne coule plus.

6 **Écris** Vrai ou Faux.

a. Quand il y a du brouillard, on voit bien ce qu'il y a autour de nous. ______

b. Quand il y a du brouillard, on ne voit pas ce qu'il y a autour de nous. ______

c. Les fleurs, les arbres, la serre n'existent plus. ______

d. Les fleurs, les arbres, la serre sont toujours là mais le poète ne les voit pas. ______

7 **Réponds** aux questions par une phrase.

a. Pourquoi le poète ne voit-il pas les fleurs, les arbres, la serre, le moineau ?

______

b. Pourquoi le moineau crie-t-il tristement ?

______

8 **Écris** les mots à la fin de chaque vers du poème « Le brouillard » qui riment avec ces mots.

mis : ______

jardin : ______

vraiment : ______

coton : ______

allée : ______

posé : ______

9 **Lis** le poème « Retour ». **Indique** le nombre de vers : strophe 1 ______ strophe 2 ______

10 **Écris** qui prononce ces paroles dans le poème « Retour ».

______ : « Bonjour, bonjour, j'ai du printemps au bout des ailes... »

______ : « Merci, merci, de revenir auprès de moi... »

11 **Coche** la période de l'année décrite dans ce poème. ◯ l'hiver ◯ le printemps

12 **Relie** la phrase en orange à celle qui a le même sens que dans le poème « Retour ».

L'hirondelle est fidèle au poète. •

J'avais du bleu plein la tête. •

• L'hirondelle revient chaque printemps chez le poète.

• L'hirondelle apporte des fleurs au poète.

• J'étais malheureux.

• J'étais tout content.

13 **Écris** les mots du poème « Retour » qui se terminent comme le mot en orange.

hirondelle : ______ ______ ______

toit : ______ ______ ______

poète : ______ ______

Oral **14** **Imagine** à qui peut s'adresser le poète quand il écrit « ... l'hirondelle, c'était toi ! ».

Oral **15** **Lis** à haute voix le poème « Retour ».

Utiliser le dictionnaire (2)

1 **Cherche** le mot poème dans le dictionnaire. À quelle lettre l'as-tu cherché ? ______
Coche la case qui indique entre quels mots repères il se trouve.

point ☐ poliment
pli ☐ pluvieux
pneu ☐ poing

Indique le nombre de mots définis dans la double page où il se trouve : ______

2 **Observe** l'article pour le mot poème.

poème nom masculin
Un poème, c'est une petite histoire écrite en vers avec des rimes. *Victor récite un poème qu'il a appris par cœur.*
■ Ce sont les **poètes** qui écrivent des poèmes.
■ Tu peux dire aussi **poésie**.
■ Cherche aussi **strophe**.

Écris chaque lettre au bon endroit pour indiquer les différentes parties de l'article.

- A le mot que tu cherches
- B la nature du mot
- C la définition du mot
- D la phrase exemple
- E un mot de la même famille
- F un mot qui a le même sens
- G un mot qui a un rapport avec le mot **poème**

3 **Coche** la case qui indique entre quels mots repères se trouve le mot strophe dans le dictionnaire.

souvent ☐ stand
station ☐ succession
sucer ☐ superficie

Écris la nature du mot strophe : ______

strophe nom féminin
Une strophe, c'est un ensemble de vers qui se suivent et sont séparés des autres, dans un poème.
Ce poème a quatre strophes.
■ Cherche aussi **couplet**.

Fiche 55 + et ++

Compléter un poème

1 **Complète** ce poème.

Dans cette ville

Dans cette ville, il y a une rue tordue.
Dans cette ______________________, il y a une maison marron.
Dans cette ______________________, il y a un petit jardin en coin.
Et dans le ______________________, un magnolia sépia.
Et dans le ______________________, il y a un nid joli.
Et dans le ______________________, il y a un lapin malin
Qui bondit,
Atterrit
Sur ton nez
Retroussé.

Entoure les virgules et les points. **Surligne** les sons qui sont les mêmes dans chaque vers, comme dans l'exemple. **Vérifie** que tu n'as pas fait d'erreurs en recopiant les mots.

2 **Complète** avec des noms d'animaux qui riment avec les mots écrits. **Choisis** ces noms parmi ceux de l'encadré. S'il y a des animaux que tu ne connais pas, **cherche**-les dans le dictionnaire.

un dindon – un ouistiti – une sauterelle – un loup – un dauphin – un requin – un mouton
un hibou – une gazelle – un éléphant – un caribou – un toucan – un wapiti

______________________	coquin	______________________	petit
______________________	mignon	______________________	roux
______________________	élégant	______________________	belle

Vérifie que l'on entend bien le même son à la fin de chaque mot.

3 **Complète** le poème, à la manière de Béatrice Tanaka, en utilisant les groupes nominaux écrits dans l'activité 2. **Vérifie** que tu as bien mis les virgules et les points.

Dans ce zoo des peluches

Dans ce zoo des peluches, il y a un chameau rigolo.
Avec ce chameau, il y a ______________________.
Et avec le ______________________
Et avec ______________________
Et avec ______________________
Et avec ______________________
Qui sourit,
Se blottit
Contre toi
Dans tes bras.

La galette du Petit Chaperon Rouge

› Faire des inférences
› Connaitre l'organisation d'une recet
› Attribuer du sens à des mots incon

recette

un saladier
une cuillère, un fouet, un couteau, une fourchette, un pinceau
3 pâtes feuilletées étalées
50 g de sucre
50 g de beurre
2 œufs
60 g de poudre d'amande
1 cuillère à soupe de farine
1 cerise confite et 3 raisins secs

La galette du Petit Chaperon Rouge

1. Mélange bien le beurre, le sucre, un œuf, la farine et la poudre d'amande.

2. Étale ton mélange sur la pâte feuilletée sans en mettre sur le bord.

3. Pose le deuxième disque de pâte sur le premier. Colle les bords en appuyant avec les dents d'une fourchette.

4. Découpe un loup dans la pâte qui reste et place-le sur la galette.

5. Peins la galette avec un jaune d'œuf. Demande à un adulte de la mettre au four (à 200 degrés) pendant 30 minutes, puis décore-la.

28 29

1 **Coche** la bonne réponse.

Ce texte est : ◯ un conte ◯ un poème ◯ une recette ◯ une pièce de théâtre

2 **Complète** la phrase pour indiquer à quoi sert une recette.

comment fabriquer un objet – comment jouer à un jeu

comment préparer un aliment pour le manger ensuite

Une recette explique ______________________________

3 **Complète** les colonnes.

Ingrédients	Ustensiles
50 grammes de ______________	un saladier
50 grammes de ______________	un fouet
2 ________	un couteau
60 grammes de poudre d'______________	une ______________
1 cuillère à soupe de ______________	un ______________
1 cerise confite et 3 ______________	
3 pâtes feuilletées étalées	

4 **Indique** le nombre d'étapes de la recette : ____________ étapes.

5 **Relie** chaque mot en orange à sa définition.

une **amande** •	• une cerise trempée dans du sucre
une cerise **confite** •	• un petit fruit ovale
une pâte **feuilletée** •	• une pâte étendue en couche fine
une pâte feuilletée **étalée** •	• une pâte qui forme des feuilles les unes sur les autres

6 **Coche** la phrase qui correspond au sens du mot **fouet** dans la recette.

- ◯ Le cocher du fiacre tient un **fouet** dans sa main.
- ◯ Je mélange les ingrédients avec un **fouet**.

7 **Relie** chaque mot en orange à son sens dans le texte.

un disque •	• Objet plat et rond que le sportif doit lancer le plus loin possible.
	• Morceau de pâte ronde et aplatie.
les dents •	• Parties pointues d'un objet.
	• Ce qui est dans la mâchoire et qui sert à croquer et à mâcher.

8 **Réponds** aux questions par une phrase.

a. Quels ingrédients la fillette utilise-t-elle pour décorer la galette ?

____

b. À quoi servent les raisins secs ?

____

c. Où la fillette place-t-elle la cerise confite ?

____

9 **Écris** Vrai ou Faux.

a. La fillette colle les bords de la pâte avec de la colle. __________

b. La température du four doit être de 200 degrés. __________

c. La fillette décore la galette avant la cuisson. __________

10 **Numérote** dans l'ordre les actions à faire pour peindre la galette avec le jaune d'œuf.

- ▢ Prendre le pinceau et le tremper dans le jaune d'œuf.
- ▢ Casser l'œuf dans le saladier.
- ▢ Étaler le jaune battu sur la pâte.
- ▢ Séparer le jaune du blanc.
- ▢ Battre le jaune de l'œuf avec le fouet.

al **11** **Lis** à haute voix la recette.

Fiche 57+ et ++

Écrire p, pp

1 **Lis** les mots suivants.
Entoure la ou les lettres qui permettent d'écrire le son [p] dans la dernière ligne.

un repas - une soupe - un sapin - la pluie - prendre - trop - une crêpe
le père - attraper - une plante - une pomme - pendant - penser - après
une place - un pantalon - apporter - une jupe - petit - puis - une grappe
propre - une poule - un appareil - la grippe - une nappe - découper - passer

Écris les deux manières d'écrire le son [p] : ______ ______

2 **Écris** avec des déterminants les mots de l'activité 1 représentés par ces dessins.

______ ______ ______ ______

3 **Recopie** les mots dans la colonne qui convient.

Je m'appelle - une épine - une éponge - un hippopotame - apprendre

p	pp

4 **Relie** chaque partie de mot à une autre. Puis **écris** les six mots trouvés avec un déterminant.

gra • ______
crê • ______
gri • • pe ______
na • • ppe ______
ju • ______
sou • ______

5 **Écris** une phrase avec ces mots.

pique Paul - à travers son pantalon - une petite guêpe - sous le préau

______

Entoure la ou les lettres qui permettent d'écrire le son [p].

MOTS À MÉMORISER

apporter • petit • puis • après

pendant • penser • passer • une place

1 Complète chaque phrase avec un des mots appris.

Léonie a un ______________ frère de deux ans.

Demain, Anissa va ______________ sa collection de timbres en classe.

Nous ferons du sport ______________ nous écouterons une histoire.

Entoure la ou les lettres qui servent à écrire le son [p] dans les mots que tu as écrits.

2 Retrouve un mot mémorisé dans ces deux mots. **Récris**-le.

l'après-midi   après-demain   ______________

3 Complète avec les verbes **penser** et **passer** conjugués au présent.

Nous ______________ au livre que nous avons lu hier.

Des voitures ______________ dans la rue.

Ce film ______________ à la télévision.

Vous ______________ à prendre un parapluie.

4 Remplace le mot en orange par un mot appris de même sens.

Elle a attendu son grand frère **durant** une heure.

Elle a attendu son grand frère ______________ une heure.

5 Complète avec le même mot appris.

Il y a une statue au milieu de la ______________.

Il n'y a pas assez de ______________ pour tout le monde.

Je ne retrouve plus ma ______________.

6 Écris les trois mots invariables appris. **Entoure** la lettre finale muette.

______________ ______________ ______________

7 Écris les trois verbes appris à l'infinitif. **Entoure** la terminaison de l'infinitif.

______________ ______________ ______________

8 Retrouve deux mots appris et **écris**-les.
Chaque lettre est codée avec son numéro de place dans l'alphabet.

16	5	20	9	20

____

16	12	1	3	5

____

L'imparfait des verbes en -er (1er groupe) et des verbes être et avoir

1 **Lis** la page 13 de ton cahier de grammaire. Puis **lis** ces phrases.

Elle **avait** une galette pour sa grand-mère.
Elles **avaient** une galette pour leur grand-mère. verbe : ____________

Je **regardais** les autos.
Nous **regardions** les autos. verbe : ____________

Tu **étais** à Paris.
Vous **étiez** à Paris. verbe : ____________

Il **traversait**.
Ils **traversaient**. verbe : ____________

Ces verbes sont conjugués à l'imparfait.
Écris l'infinitif de chaque verbe et **complète** la phrase.

Entoure les terminaisons de chaque verbe.

2 **Complète** la conjugaison du verbe jouer à l'imparfait.
Aide-toi des terminaisons des verbes que tu as entourées.

je jou ______	nous jou ______
tu jou ______	vous jou ______
il jou ______	ils jou ______
elle jou ______	elles jou ______

Les verbes être et avoir ont les mêmes terminaisons que le verbe jouer.

Sur ton cahier de grammaire, **écris** le titre de la page 13, en indiquant le temps auquel les verbes de la page sont conjugués.

3 **Récris** chaque phrase avec le sujet proposé.

a. Quand tu étais bébé, tu aimais la soupe.
➜ Quand vous étiez bébé, vous ____________

b. L'année dernière, nous avions des gros feutres.
➜ L'année dernière, ils ____________

c. Quand vous étiez petites, vous marchiez à quatre pattes.
➜ Quand Louisa était petite, elle ____________

d. À l'école maternelle, je jouais avec des puzzles.
➜ À l'école maternelle, tu ____________

e. Au CP, il restait à la cantine. ➜ Au CP, je ____________

Fiche 59 + et ++

Des groupes nominaux (8)

1 **Lis** ces groupes nominaux.

le four – la galette – les dents – une fourchette – les cils – du papier

Entoure les déterminants et **souligne** les noms.

Recopie ces groupes nominaux dans la bonne colonne.

masculin	féminin
....	....
....	....
....	....

Recopie ces groupes nominaux dans la bonne colonne.

singulier	pluriel
....	....
....	....
....	....
....	....

2 **Écris** chaque groupe nominal en remplaçant le déterminant l' par un ou une.

l'amande : ____________ | l'œil : ____________

l'œuf : ____________ | l'aile : ____________

3 **Remplace** chaque mot en orange par un des mots ci-dessous.

rondes – argenté – allumé – méchante

a. du papier **doré** : du papier ____________

b. des perles **ovales** : des perles ____________

c. une fée **gentille** : une fée ____________

d. le four **chaud** : le four ____________

4 **Lis** ces groupes de mots. **Souligne** le mot qui peut être supprimé.

du papier doré – un feutre vert – du papier bleu

5 **Colle** les étiquettes à la bonne page de ton cahier de grammaire.

Période 4

Fiche 60 + et ++

Fabriquer un mobile

› Connaitre l'organisation d'une fiche de fabrication
› Attribuer du sens à des mots incon
› Interpréter les substituts

Fabrique un mobile

Ce qu'il te faut

Pour la lune
1 carton
de la peinture bleue
1 pinceau épais

Pour le mobile
1 paire de ciseaux
des perles
du fil de nylon
1 agrafeuse
de la colle blanche
du papier doré et bleu métallisé
du papier calque

corps
ailes

Pour faire la fée, agrandis ces modèles à la photocopieuse. Reproduis-les sur le papier dont tu as besoin et découpe-les.

28

Pour faire une fée

Pour la tête, dessine un petit cône sur du papier doré pour faire le chapeau et découpe-le. Fixe-le avec de la colle et colle-le sur une boule de cotillon. Colle 2 perles roses sur la boule pour faire les yeux.

Pour les lutins, suis le même modèle...

Dessine les cils et la bouche avec un feutre vert.

Pour les ailes, reproduis le modèle sur du papier calque. Demande à un adulte de t'aider à agrafer les ailes sur le dos de la fée.

Pour les bras, découpe une petite bande de papier aluminium et froisse-la. Plie-la au centre et fixe-la au niveau des ailes. Colle des perles à l'extrémité des bras.

Pour le corps, reproduis le modèle sur du papier bleu, forme un cône et ferme-le avec de la colle. Roule en torsade la pointe du cône pour la rentrer dans la tête.

Accroche tous tes personnages à la lune avec du fil de nylon !

29

Sabine Lamy de la Chapelle

1 **Coche** la bonne réponse.

Ce texte est : ◯ un conte ◯ une fiche de fabrication ◯ une recette

2 **Coche** la phrase qui correspond au sens du mot **mobile** dans la recette.

◯ Elle a mis son téléphone **mobile** dans sa poche.

◯ Elle a accroché un **mobile** au plafond, au-dessus du bureau.

3 **Écris** les différentes parties du corps de la fée qu'il faut réaliser.

____

4 **Remplace** les mots en orange par les mots utilisés dans le texte.

a. du papier bleu **qui est brillant** ➜ du papier ______________

b. du fil **en matière plastique** ➜ du fil ______________

c. du papier **transparent** ➜ du papier ______________

d. une **petite boule de papier** ➜ une boule de ______________

e. Agrandis ces **formes dessinées**. ➜ Agrandis ces ______________

f. **Refais** les modèles **exactement pareils**.

➜ ______________ les modèles ______________

g. Pour la tête, découpe un cône et **fais-le tenir** avec de la colle.

➜ ______________ avec de la colle.

5 **Coche** ce qui est vrai.

- ◯ Un cornet de glace a la forme d'un **cône**.
- ◯ Le chapeau de la fée a la forme d'un **cône**.
- ◯ Un chapeau haut de forme a la forme d'un **cône**.
- ◯ Le corps de la fée a la forme d'un **cône**.

6 **Relie** l'objet à fabriquer au matériel dont tu as besoin.

	• une boule de cotillon
	• une agrafeuse
pour faire la tête •	• du papier calque
	• le modèle
pour faire les ailes •	• du papier doré
	• des perles
pour faire le corps •	• un feutre
	• du papier bleu
pour faire les bras •	• une bande de papier aluminium
	• de la colle

7 **Relie** chaque mot en orange à sa définition.

	• Roule en tordant la pointe du cône.
Roule en **torsade** la pointe du cône. •	• Roule en aplatissant la pointe du cône.
Froisse la bande de papier. •	• Chiffonne la bande de papier.
	• Refroidis la bande de papier.

8 **Remplace** chaque mot en couleur par ce qu'il désigne.

Dessine un petit cône sur du papier doré pour faire le chapeau et découpe-**le**.

Dessine un petit cône sur du papier doré pour faire le chapeau et découpe ____________.

Découpe une petite bande de papier aluminium et froisse-**la**.

Découpe une petite bande de papier aluminium et froisse ______________________.

9 **Numérote** dans l'ordre les actions à faire pour fabriquer la lune.

- ▢ Peins-la avec de la peinture bleue et un pinceau épais.
- ▢ Dessine une lune dans du carton.
- ▢ Découpe-la.

10 **Réponds** à la question en écrivant une phrase.

Quand on a réalisé plusieurs fées, que faut-il faire pour terminer le mobile ?

____

Oral **11** **Lis** à haute voix le texte « Pour faire une fée ».

Période 4

Des verbes pour faire

1 **Remplace** le verbe mettre par un verbe plus précis.

place – pose – étale – colle

Mets ton mélange sur la pâte feuilletée.

____

Mets le deuxième disque de pâte sur le premier.

____

Mets des perles à l'extrémité des bras.

____

Découpe un loup et **mets**-le sur la galette.

____

2 **Remplace** le verbe faire par un verbe plus précis.

fabrique – dessine – découpe

Fais un loup dans la pâte qui reste.

____

Fais un petit cône sur du papier doré.

____

Fais un mobile.

____

3 **Relie** les groupes de mots en gras aux verbes qui ont le même sens.

Fais des décorations sur la galette. •	• **Agrandis** les modèles.
Fais tenir le cône **avec de la colle**. •	• **Agrafe** les ailes sur le dos.
Rends plus grands les modèles. •	• **Colle** le cône.
Fais tenir les ailes **avec des agrafes**. •	• **Décore** la galette.
Attache la bande de papier. •	• **Fixe** la bande de papier au niveau des ailes.
Fais tenir les personnages à la lune. •	• **Accroche** les personnages à la lune.

4 **Écris** un verbe de la famille de chacun de ces mots.

un mélange : ______________

un chiffon : ______________

une agrafe : ______________

un découpage : ______________

un pli : ______________

la colle : ______________

un dessin : ______________

une épluchure : ______________

Fiche 62 + et ++

Compléter une recette

1 Autrefois, quand Mamie Juliette était petite, elle aimait faire de la tarte aux fruits avec sa maman.
Écris le nom des ingrédients et des ustensiles qu'il lui fallait.
Si un nom est au pluriel, **pense** à mettre un s.

Ingrédients

des fruits : ____________________

____

80 grammes de ____________________

un sachet de sucre vanillé

80 grammes de ____________________

____

Ustensiles : ____________________

____

Ustensiles

Vérifie que tu as bien écrit les noms au pluriel quand il le fallait.

2 **Complète** le texte qui indique comment Mamie Juliette faisait sa tarte aux fruits.
Tu peux chercher dans le mémo des verbes pour agir.
Écris le texte à l'imparfait. **Mets** un titre au texte.

Titre : ____________________

Pour commencer, Mamie Juliette lavait ____________________

et ____________________.

____

____

____

Elle ajoutait le sucre, le sucre vanillé et la poudre d'amandes et elle mélangeait.

____

____

____

____

Elle mettait la tarte au four à 200 degrés pendant 35 minutes.

Vérifie que tu as bien mis les noms au pluriel quand il le fallait, que tu as mis des majuscules et des points.

Jouer à 1, 2, 3, soleil !

› Connaitre l'organisation d'une règle de
› Attribuer du sens à des mots inconnus
› Faire des inférences

 dès 6 ans  6 et plus  10 minutes  craie

But du jeu : Le guetteur doit surprendre les joueurs en mouvement.

Règle du jeu :

1. Les joueurs se placent sur une ligne à 8 mètres d'un mur. Le guetteur est face au mur.
2. Le guetteur tape trois fois sur le mur en disant : « Un, deux, trois, soleil ! », tandis que les autres joueurs avancent. Au mot « soleil », le guetteur se retourne très vite et les joueurs s'immobilisent. S'il surprend un joueur en mouvement, il l'oblige à retourner sur la ligne de départ.
3. Pour surprendre les joueurs, le guetteur doit changer sans cesse le rythme de ses paroles ! Si un joueur parvient à toucher le mur sans être surpris, il devient guetteur.

1 **Coche** la bonne réponse.

Ce texte est :

○ un conte ○ une règle de jeu ○ une recette ○ une pièce de théâtre

2 **Relie** ce qui va ensemble.

un jeu d'intérieur •	• est un jeu qui se joue dehors.
un jeu d'extérieur •	• est un jeu qui se joue dans la maison, dans la classe…

3 **Coche** la bonne réponse.

Ce jeu est :

○ un jeu d'intérieur ○ un jeu d'extérieur

4 **Connais**-tu des jeux d'extérieur ? **Écris**-les.

____

____

5 **Relie** les pictogrammes à ce qu'ils indiquent.

 Dès 6 ans •	• On peut être 6 joueurs et plus.
 6 et plus •	• Il faut une craie.
 10 minutes •	• On peut jouer à ce jeu à partir de l'âge de 6 ans.
 craie •	• Le jeu dure environ dix minutes.

6 **Remplace** les mots en orange par les mots du texte qui ont le même sens.

a. Les joueurs **ne bougent plus**. (paragraphe 2)

Les joueurs ______________________________.

b. S'il **voit** un joueur **en train de bouger**, il l'oblige à retourner sur la ligne de départ. (paragraphe 2)

S'il ______________ un joueur ______________________, il l'oblige à retourner sur la ligne de départ.

7 **Coche** la phrase qui a le même sens que celle en orange.

Le guetteur doit sans cesse changer le rythme de ses paroles.

◯ Le guetteur doit dire « 1, 2, 3, soleil ! » très vite ou plus lentement.

◯ Le guetteur doit dire « 1, 2, 3, soleil ! » toujours de la même façon.

8 **Écris** Vrai ou Faux.

a. Le guetteur est celui qui frappe sur le mur. ________

b. Au mot « soleil », tous les joueurs avancent. ________

c. Le guetteur doit se retourner lentement pour surprendre les joueurs. ________

d. Si un joueur touche le mur sans que le guetteur le voie, il devient guetteur. ________

9 **Réponds** aux questions par une phrase.

À quoi sert la craie ?

____

Que doit faire le guetteur pour surprendre les joueurs ?

____

Quand un joueur est surpris en train d'avancer, que doit-il faire ?

____

Oral **10** **Dis** si tu as envie de jouer à ce jeu. Puis **explique** pourquoi.

____

____

____

Oral **11** **Lis** à haute voix les trois paragraphes du texte.

Période 4

Fiche 64 + et ++

Écrire *b*

1 **Lis** les mots suivants.
Entoure la lettre qui permet d'écrire le son [b] dans la première ligne.

beaucoup – une boule – bouger – un bruit – blond – un timbre – un baobab – une bulle
un zèbre – une baleine – l'herbe – beau – belle – un bateau – blanc – bien – bondir
un bras – le bout – besoin – un crabe – une chambre – une brioche – un tambour
tomber – une branche – un arbre

Écris la manière d'écrire le son [b] : ____________

2 **Écris** avec des déterminants les mots de l'activité 1 représentés par ces dessins.

____________ ____________ ____________ ____________

3 **Complète** chaque phrase avec le mot qui convient.

bond – pont
Le lapin fait un ____________.
Il y a un ____________ au-dessus de la rivière.

boule – poule
La ____________ picore du grain.
Amir lance une ____________.

balai – palais
La princesse habite dans un ____________.
La sorcière se déplace sur son ____________.

bain – pain
Le bébé joue dans son ____________.
Jules mange un ____________ au chocolat.

bêche – pêche
Samia ____________ dans la rivière.
Le jardinier ____________ le jardin.

4 **Écris** une phrase avec ces mots.

a bu son biberon – le bébé – dans les bras de Robin
au début de la matinée

____

____

Entoure la lettre qui permet d'écrire le son [b].

MOTS À MÉMORISER

beau/belle • bien • tomber • blanc

l'herbe • un bateau • un bras • un arbre

1 **Complète** avec le mot qui convient.

blanc - blanche

La neige est ______________.

Le nuage est ______________.

beau - belle

Le petit chien est ______________.

La petite chienne est ______________.

Entoure la lettre qui sert à écrire le son [b] dans les mots que tu as écrits.

2 **Complète** avec des mots appris.

Julie aime ______________ faire du vélo dans les bois mais elle fait attention car elle a peur de ______________.

3 **Écris** avec des déterminants les noms représentés par ces dessins.

  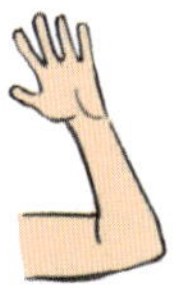 

______________ ______________ ______________ ______________

4 **Écris** le verbe tomber au présent.

Les enfants ______________ souvent. Tu ______________ dans le sable.

5 **Retrouve** le mot appris dans chaque mot et **écris**-le.

la blancheur : ______________ embrasser : le ______________

Entoure la lettre finale muette dans les deux mots que tu as écrits.

6 **Écris** le mot invariable appris.

____

7 **Complète** avec un mot appris et son déterminant.

La petite chèvre a brouté de ______________.

8 **Retrouve** trois mots appris et **écris**-les.
Chaque lettre est codée avec son numéro de place dans l'alphabet.

2	5	1	21

____

2	1	20	5	1	21

____

1	18	2	18	5

____

Fiche 65 + et ++

Conjuguer au présent et à l'imparfait

1 **Lis** le texte.

Grand-père parlait souvent des jeux dans la cour de récréation.
– Autrefois, nous jouions à 1, 2, 3, soleil. J'aimais être le guetteur.
Je frappais sur le mur.
Au mot « soleil », mes camarades restaient sans bouger.
Mon frère n'aimait pas ce jeu.

oral **Dis** le texte au présent. Puis **écris** les verbes au présent avec leur sujet.

Grand-père parlait souvent des jeux dans la cour de récréation.

Aujourd'hui, Enzo ______________________ souvent des jeux dans la cour de récréation.

Autrefois, **nous jouions** à 1, 2, 3, soleil.

Maintenant, ______________________ toujours à 1, 2, 3, soleil.

J'aimais être le guetteur. **Je frappais** sur le mur.

______________________ être le guetteur.

______________________ sur le mur.

Au mot « soleil », **mes camarades restaient** sans bouger.

Au mot « soleil », ____ sans bouger.

Mon frère n'**aimait** pas ce jeu.

______________________ n' ______________________ pas ce jeu.

Indique l'infinitif des verbes conjugués : ____

____

2 **Écris** le texte suivant au présent.

Nous jouions au jeu des sept familles. **Lisa terminait** toujours ses familles la première.

Aujourd'hui, ____

____

3 **Écris** le texte suivant à l'imparfait.

Vous jouez aux billes avec Jade. Elle gagne toujours.

____

____

Fiche 66 + et ++

La phrase

1 **Lis** le texte.

Louna lance les deux dés. Elle obtient 7. Elle peut dessiner la tête de Pinocchio. Elle est contente et bat des mains ! Le tour suivant, elle fait encore 7. Elle ne peut pas compléter son Pinocchio. Alors elle se fâche et jette les dés par terre. Louna n'aime pas perdre ! Et toi, es-tu bon ou mauvais joueur ?

Écris le nombre de phrases du texte : ____________________

Complète la phrase pour indiquer à quoi tu reconnais une phrase.

Une phrase commence par une ____________________ et se termine par un ______.

Complète en écrivant le point d'interrogation ou le point d'exclamation.

À la fin d'une phrase, il peut y avoir :

un point d'interrogation : ____

un point d'exclamation : ____

2 **Entoure** de qui ou de quoi on parle dans ces phrases et ce qu'on en dit.

Le dessin de Pinocchio est terminé.

Les enfants aiment jouer au jeu de Pinocchio.

Complète la phrase pour indiquer ce que tu peux repérer dans une phrase.

Dans une phrase, je peux repérer ____

et ____.

3 **Recopie** les deux phrases négatives du texte.

____

____

Récris-les à la forme affirmative.

____

____

Complète la phrase.

Une phrase peut être à la forme ________________ ou à la forme ________________.

Période 4

Fiche 67 + et ++

Jouer au jeu de Pinocchio

- Connaitre l'organisation d'une règle de jeu
- Attribuer du sens à des mots inconnu
- Repérer les explications

dès 7 ans — 2 et plus — 15 minutes — 2 dés, papier, crayons

But du jeu :
Terminer le premier son dessin de Pinocchio grâce aux lancers de dés.

1. Tirer au sort le joueur qui commence. Les joueurs vont, à tour de rôle, lancer les deux dés, pour pouvoir dessiner leur Pinocchio (voir dessin). Pour pouvoir commencer à dessiner, il faut obtenir un 9 qui correspond au torse du pantin.
2. Chaque partie du pantin correspond à un chiffre à réaliser en un seul lancer de dés. Quand le total des dés ne correspond à aucun chiffre du pantin ou quand une partie du corps est déjà dessinée, on passe son tour. Le premier qui termine son dessin gagne la partie.

Corps = 9	Nez = 2
Tête = 7	Bras = 4 (× 2)
Chapeau = 6	Jambe = 5 (× 2)
Yeux = 3 (× 2)	Pied = 8 (× 2)

1 **Coche** la bonne réponse.

Ce jeu est : ◯ un jeu d'intérieur ◯ un jeu de plein air

2 **Entoure** la bonne réponse.

un jeu de plein air est un jeu qui se joue à l'intérieur.

un jeu de plein air est un jeu qui se joue à l'extérieur.

3 **Connais**-tu d'autres jeux d'intérieur ? **Écris**-les. ____________________

4 **Écris** Vrai ou Faux.

a. Pinocchio est un vrai petit garçon. ________

b. Pinocchio est un pantin en bois dans un conte. ________

c. Pinocchio a un nez qui grandit chaque fois qu'il dit un mensonge. ________

d. Le jeu de Pinocchio est un jeu d'intérieur. ________

5 **Recopie** le but du jeu.

____

____

6 **Complète** ce que les pictogrammes indiquent.

 On peut jouer à ce jeu à partir de l'âge de ______________________.

 On peut être ______________________.

 Le jeu ______________________.

 Il faut ______________________.

7 **Remplace** les mots en orange par les mots du texte qui ont le même sens.

a. **Choisir avec une comptine** le joueur qui commence. (paragraphe 1)

______________________ le joueur qui commence.

b. Les joueurs vont, **chacun leur tour**, lancer les deux dés. (paragraphe 1)

Les joueurs vont, ______________________, lancer les deux dés.

c. Quand une partie du corps est déjà dessinée, on ne **joue pas pendant un tour**. (paragraphe 2)

Quand une partie du corps est déjà dessinée, on ______________________.

8 **Dessine** le torse du pantin.

9 **Réponds** aux questions par une phrase.

a. À quoi servent les crayons ?

____

b. Quel nombre faut-il faire avec les dés pour commencer à jouer ?

____

c. Quel nombre faut-il faire pour avoir le droit de dessiner un bras ?

____

d. Qui est le gagnant de la partie ?

____

ral **10** **Dis** si tu as envie de jouer à ce jeu. **Explique** pourquoi. ______________________

____

ral **11** **Lis** à haute voix les deux paragraphes du texte.

Utiliser le dictionnaire (3)

1 **Cherche** le mot torse dans le dictionnaire.
Trace une croix pour indiquer entre quels mots repères se trouve ce mot.

titre ○ tonneau

toupie ○ tout

tonnerre ○ toujours

torse nom masculin
Le torse, c'est la partie du corps qui va du cou à la taille. *Papa s'est mis torse nu au soleil.*
■ Tu peux dire aussi **thorax**.

Lis l'article du mot torse.

Indique la nature du mot : ______________________

Recopie la définition : ______________________

Recopie la phrase exemple : ______________________

Écris le mot qui désigne la même chose que le mot torse : le ______________________

2 **Relie** la définition à la phrase exemple qui convient.

Un pantin, c'est une sorte de poupée dont on peut faire bouger les bras, les jambes et la tête en tirant sur une ficelle. •

Faire un mouvement, c'est faire bouger une partie du corps. •

Le départ, c'est le moment où l'on s'en va. •

• En gymnastique, nous avons fait des mouvements difficiles.

• À quelle heure est le départ du train ?

• Pinocchio est un pantin de bois.

3 **Lis** cette phrase et **souligne** le verbe.

Le guetteur tape trois fois sur le mur.

Cherche ce verbe dans le dictionnaire.
Complète la phrase pour indiquer sous quelle forme il se trouve dans le dictionnaire.

Le verbe est à l' ______________________ .

Complète les phrases qui indiquent les deux sens de taper.

Ali ______________________

La secrétaire ______________________

____

taper verbe
1. Taper, c'est donner des coups. *Mathilde a tapé son petit frère. On a tapé à la porte*, on a frappé à la porte. *Ali tape dans le ballon.*
2. *La secrétaire tape une lettre*, elle écrit une lettre avec un ordinateur.

Fiche 69 + et ++

Compléter une règle de jeu

1 **Lis** ces informations sur le jeu de Mémory. Puis **complète** le texte avec ces informations.

à partir de 4 ans – les pose devant lui – 10 paires de cartes – avoir le plus grand nombre de paires – au moins 2 – retourne deux cartes – les remet à leur place face contre table

Nombre de joueurs : ____________________

Âge : ____________________

Matériel : ____________________

But du jeu : ____________________

____

Explication :

1. Les cartes sont étalées face contre table, on ne doit pas voir les dessins.

Le premier joueur ____________________ . Si les cartes sont les mêmes,

il ____________________ . Si les deux cartes ne sont pas les mêmes,

il ____________________ .

2. Le joueur suivant fait de même. Il faut bien se souvenir des cartes retournées pour trouver les paires. Le gagnant est celui qui ____________________ .

2 **Complète** la règle du jeu du poisson.

Ce jeu se joue comme le jeu de Pinocchio mais il faut dessiner un poisson.

Titre : ____________________

Nombre de joueurs : ____________ **Âge :** ____________

Durée du jeu : ____________________

Matériel : ____________________

But du jeu : ____________________

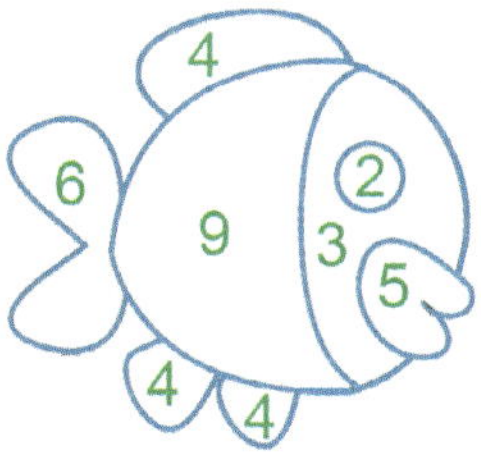

Explication :

Vérifie que tu as expliqué les différentes étapes du jeu, que tu as écrit des phrases avec une majuscule et un point et que tu as terminé en disant qui sera le gagnant.

Fiche 70 + et ++

Les 9 vies d'Aristote (1)

- Anticiper le contenu du roman
- Attribuer du sens à des mots incon
- Identifier le narrateur

Qui a grimpé sur le toit puis dégringolé dans la cheminée ? C'est Aristote ! Le chaton tout blanc est devenu noir comme le charbon, un vrai chat de sorcière ! Mais justement, sa maitresse, Bella Donna, la gentille sorcière, se désespère. Aristote accumule les bêtises et les catastrophes. Heureusement, comme tous les chats, Aristote possède neuf vies…

Aristote, un chaton turbulent, quitte sa maison pour vivre avec une vieille dame.

C'était vraiment une drôle de vieille dame, avec un nez crochu et un menton pointu, qui portait des vêtements noirs et un grand chapeau noir sur ses cheveux gris filasse.

Elle s'appelait Bella Donna et c'est elle qui baptisa son nouveau chaton du nom d'Aristote.

– En vérité, c'est un chat noir qu'il me faudrait, dit-elle, mais ça me changera un peu d'en avoir un blanc.

Le premier jour de son arrivée dans l'étrange et vieille petite maison de Bella Donna, Aristote décida de l'explorer de haut en bas. Ou plutôt de bas en haut car, quand il eut fait le tour des pièces du bas, puis de celles du haut, il se dit qu'il aimerait bien monter sur le toit.

1 **Observe** la première page de couverture. **Recopie** le titre du livre, le nom de l'auteur et le nom de l'illustrateur.

____

2 **Observe** la 4e page de couverture et **lis** le texte.
Relie chaque phrase à celle qui a le même sens.

Aristote **a dégringolé** dans la cheminée. •	• La sorcière ne sait plus quoi faire car Aristote fait vraiment beaucoup de bêtises.
Aristote **possède neuf vies**. •	• Aristote est tombé dans la cheminée.
La sorcière **se désespère**. •	• Il arrive beaucoup de malheurs à Aristote.
Aristote **accumule les catastrophes**. •	• Aristote peut sortir vivant de huit accidents ; au neuvième, il meurt.

3 **Coche** les deux bêtises d'Aristote que tu vois sur la 1re et la 4e page de couverture.

- ◯ Aristote grimpe en haut d'un arbre et tombe.
- ◯ Aristote boit dans une cruche.
- ◯ Aristote monte sur le toit et dégringole dans la cheminée.

oral **4** **Observe** le dessin de la 4e page de couverture qui montre Aristote en train de regarder dans une cruche. **Écris** une phrase pour raconter la catastrophe qui a pu se produire.

____

5 **Coche** la bonne réponse.

Le livre est : ◯ un roman d'aventure ◯ un documentaire ◯ un poème

6 **Entoure** la bonne réponse.

Qui raconte l'histoire ? la sorcière - Aristote - un narrateur extérieur

7 **Remplace** les mots en orange par des mots du texte.

a. C'était vraiment une vieille dame **bizarre**. (ligne 10)

C'était vraiment une ____________ vieille dame.

b. Aristote est un chaton **remuant**. (ligne 8)

Aristote est un chaton ____________.

c. un nez **recourbé, qui n'est pas droit** (ligne 10)

un nez ____________.

d. des cheveux gris **clair, sans brillant** (ligne 11)

des cheveux gris ____________.

e. C'est elle qui **appela** son nouveau chaton du nom d'Aristote. (ligne 12)

C'est elle qui ____________ son nouveau chaton du nom d'Aristote.

f. la **bizarre** et vieille petite maison de Bella Donna (ligne 15)

l'____________ et vieille petite maison de Bella Donna.

8 **Écris** comment se nomment les personnages.

Le chat : ____________

La sorcière : ____________

9 **Complète** le portrait de la sorcière.

Elle a un nez ____________ , un ____________ pointu, des vêtements ____________ et un ____________ noir.

10 **Réponds** aux questions en écrivant une phrase.

Quand Aristote explore-t-il la maison ?

____

Par où Aristote commence-t-il son exploration ?

____

11 **Coche** ce qui est vrai.

◯ En général, les sorcières ont des chats blancs.

◯ En général, les sorcières ont des chats noirs.

ral **12** **Lis** à haute voix de « C'était vraiment… » (ligne 10) à la fin.

Période 5

Fiche 71 + et ++

Écrire *ch*

1 **Lis** les mots suivants.
Entoure les deux lettres qui permettent d'écrire le son [ʃ] dans la première ligne.

chaud - un château - le dimanche - une chèvre - acheter - des cheveux - un chat
une branche - chercher - un champ - une châtaigne - une vache - un chien
une machine - une poche - un champignon - un champion - un cochon
un mouchoir - un marcheur - un marchand

Écris la manière d'écrire le son [ʃ] : ______________

2 **Écris** avec des déterminants les noms de l'activité 1 représentés par ces dessins.

______________ ______________ ______________ ______________

3 **Relie** le début du mot à la fin qui convient pour former six noms. Puis **écris** ces noms avec un déterminant.

	• min	______________
che •	• minée	______________
	• meau	______________
	• val	______________
cha •	• mise	______________
	• peau	______________

4 **Complète** chaque mot avec ch ou ss puis **récris**-le en entier.

a. Tom a mal à la gorge, il tou___e. Tom a mal à la gorge, il ______________ .
Le bébé tou___e à tout. Le bébé ______________ à tout.

b. Une mou___e se pose sur ma tartine. Une ______________ se pose sur ma tartine.
Le champignon pousse dans la mou___e. Le champignon pousse dans la ______________ .

c. Gilou a ca___é le vase puis il a ca___é les morceaux dans la poubelle.
Gilou a ______________ le vase puis il a ______________ les morceaux dans la poubelle.

5 **Écris** une phrase avec ces mots. **Entoure** les lettres qui permettent d'écrire le son [ʃ].

des choux - Ronchon le cochon - le dimanche - mange

____

MOTS À MÉMORISER

chaud • le dimanche • une branche • des cheveux

un chat • acheter • chercher • un champ

1 **Complète** chaque phrase avec un des mots appris contenant [ʃ].

a. Le garçon a des ______________ blonds.

b. L'été, il fait ______________ .

c. Le ______________, on ne va pas à l'école.

d. Cet arbre a des ______________ fines.

Entoure les lettres qui servent à écrire le son [ʃ] dans les mots que tu as écrits.

2 **Écris** les mots qui se terminent par les lettres indiquées.

un **t** qui ne se prononce pas : ______________

un **p** qui ne se prononce pas : ______________

Entoure les lettres qui servent à écrire le son [ʃ] dans les mots que tu as écrits.

3 **Écris** les deux verbes appris à l'infinitif.

______________ ______________

4 **Écris** chaque mot au masculin.

une chatte : ______________ chaude : ______________

5 **Complète** avec les verbes appris au présent.

Nous ______________ du pain chez le boulanger.

Vous ______________ des champignons sous les arbres de la forêt.

6 **Écris** ce mot au singulier.

des cheveux : ______________

7 **Écris** le mot à partir duquel ce mot a été formé.

un chaton : ______________

8 **Retrouve** des mots appris et **écris**-les avec un déterminant.
Chaque lettre est codée avec son numéro de place dans l'alphabet.

4	9	13	1	14	3	8	5

____

2	18	1	14	3	8	5

____

3	8	1	13	16

____

Période 5

La relation sujet-verbe au futur (1)

1 **Lis** le texte.

Le jeune chat quitte sa maman. Il arrive chez la sorcière. Elle lui donne un nom : Aristote. Le premier jour de son arrivée, il explore la maison de bas en haut. Il regarde dans toutes les pièces du bas puis il monte à l'étage. Il visite toutes les pièces du haut et il grimpe sur le toit.

oral **Dis** le texte au futur. Puis **écris** les verbes au futur avec leur sujet.

Le jeune chat quitte sa maman.

Un chaton vient de naitre. Bientôt, ______________________ sa maman.

Il arrive chez la sorcière.

______________________ chez la sorcière.

Elle lui donne un nom : Aristote.

______________ lui ______________ un nom : Aristote.

Le premier jour de son arrivée, il explore la maison de bas en haut.

Le premier jour de son arrivée, ______________ la maison de bas en haut.

Il regarde dans toutes les pièces du bas puis il monte à l'étage.

______________ dans toutes les pièces du bas puis ______________ à l'étage.

Il visite toutes les pièces du haut puis il grimpe sur le toit.

______________ toutes les pièces du haut puis ______________ sur le toit.

Indique l'infinitif des verbes conjugués : ______________________________

____

2 **Colle** les étiquettes à la bonne page dans ton cahier de grammaire.

3 **Écris** le texte suivant au futur.

Selma arrive à la maison, elle monte dans sa chambre et elle regarde un livre.

Tout à l'heure, ____

____

4 **Écris** le texte suivant au futur.

À Paris, Paula monte à la tour Eiffel. Puis elle visite le musée du Louvre.
Elle regarde les tableaux des peintres célèbres.

Pendant les vacances, ____

____ .

Fiche 73 + et ++

Des groupes nominaux (9)

1 **Lis** ces groupes nominaux. **Entoure** les déterminants et **souligne** les noms.

la cheminée – le lierre – neuf vies – le toit – les murs – sa maman – les chats – les bêtises

2 **Recopie** les huit groupes nominaux dans la bonne colonne.

masculin		féminin	
....	....	....	....
....	....	....	....

Recopie les huit groupes nominaux dans la bonne colonne.

singulier		pluriel	
....	....	....	....
....	....	....	....

3 **Recopie** le déterminant et le nom de chaque groupe nominal.

la gentille sorcière – une vieille dame – un nez crochu – un menton pointu – ses cheveux gris
la vieille petite maison – des vêtements noirs – un grand chapeau noir
un chat noir – une énorme pluie

____

____

____

Recopie chaque groupe nominal en remplaçant les mots en orange par les mots employés ci-dessus pour apporter des précisions sur les noms.

la **méchante** sorcière : ______________________

une **jeune** dame : ______________________

un nez **droit** : ______________________

un menton **rond** : ______________________

ses cheveux **blonds** : ______________________

la **grande** maison **moderne** : ______________________

des vêtements **verts** : ______________________

un **petit** chapeau **rouge** : ______________________

un chat **blanc** : ______________________

une **petite** pluie : ______________________

4 **Colle** les étiquettes à la bonne page de ton cahier de grammaire.

Les 9 vies d'Aristote (2)

› Donner du sens à des mots inconnu
› Interpréter les substituts
› Comprendre l'ordre chronologique

Le toit était en chaume si bien que, en escaladant le lierre qui poussait sur les murs de la maison, Aristote n'eut plus qu'à marcher sur la paille pour atteindre la cheminée. Puis, curieux comme tous les chats, il grimpa tant bien que mal sur la cheminée et se pencha au-dessus de l'ouverture, se demandant à quoi elle pouvait bien servir.

Juste à ce moment-là, une grosse volute de fumée monta le long du conduit et lui sauta à la figure, ce qui le fit tousser, éternuer, perdre l'équilibre… et il dégringola dans la cheminée.

Bella Donna venait d'allumer son feu de cuisine quand une énorme pluie de suie s'abattit sur le foyer et éteignit le feu. Juste après atterrit un chaton qui, à présent, n'était plus du tout blanc, mais noir comme un chapeau de sorcière.

– Ma foi, mon garçon, dit Bella Donna, tu viens de perdre la première de tes neuf vies. Une chance que la cheminée était sale ou tu aurais brulé vif. Tu ferais bien d'être un peu plus prudent, Aristote, si tu veux devenir un chat, un jour. Plus que huit vies.

1 **Souviens**-toi du début de l'histoire. **Barre** ce qui est faux.

Aristote est un chat noir.

Aristote est un chat blanc.

Aristote vit chez une gentille sorcière.

Aristote vit avec sa maman.

Aritote est un chaton très sage.

Aristote est un chaton qui fait des bêtises.

2 **Relie** chaque nom en orange à sa définition.

en **chaume** •	• plante qui grimpe le long des murs ou des arbres
le **lierre** •	• brulé vivant
une **volute** de fumée •	• crois-moi
le **conduit** •	• ne pas réussir à rester debout
perdre l'**équilibre** •	• un nuage de fumée
brulé **vif** •	• en paille
ma foi •	• un tuyau

3 **Remplace** chaque mot en orange par ce qu'il désigne.

l'ouverture de la cheminée – Aristote

Il se pencha au-dessus de l'ouverture : ______________ se pencha au-dessus de l'ouverture, se demandant à quoi **elle** pouvait bien servir :
se demandant à quoi ______________ pouvait bien servir.
Il dégringola dans la cheminée : ______________ dégringola dans la cheminée.

4 **Écris** à côté de chaque groupe de mots ceux qui ont le même sens dans le texte.

faire attention au danger – l'endroit où on fait le feu
poussière noire et épaisse – tomber brusquement

la suie : ______________ le foyer : ______________
s'abattre : ______________ être prudent : ______________

5 **Réponds** aux questions par une phrase. **Pense** à la majuscule et au point.

Qu'est-ce qui a éteint le feu ? ______________
Où Aristote atterrit-il ? ______________
Pourquoi Aristote est-il tout noir ? ______________
Qui parle à la fin du texte et à qui ? ______________

6 **Numérote** les phrases dans l'ordre pour raconter comment Aristote a perdu une vie.

- ☐ Il dégringole dans la cheminée.
- ☐ Il grimpe sur la cheminée.
- ☐ Aristote escalade le lierre.
- ☐ Il arrive sur le toit de chaume.
- ☐ Une volute de fumée lui fait perdre l'équilibre.
- ☐ Il se penche au-dessus de l'ouverture de la cheminée.
- ☐ La pluie de suie éteint le feu allumé par Bella Donna.

7 **Complète** le résumé pour garder dans ta tête les images de ce qu'il se passe dans l'histoire.

sorcière – vie – blanc – suie – bêtises
toit – dégringole – feu – chance

Aristote, un chaton ______________, vit chez une ______________ .
Il fait beaucoup de ______________ . Un jour, il monte sur le ______________ de la maison et ______________ dans la cheminée. Heureusement qu'une pluie de ______________ a éteint le ______________, sinon Aristote aurait été brulé vif.
Aristote a eu de la ______________ ! Mais il a perdu une ______________ .

Oral **8** **Lis** à haute voix de « Juste à ce moment-là… » (ligne 9) à la fin du texte.

Période 5

Fiche 75 + et ++

Des mots pour parler d'un personnage (1)

1 **Lis** ces phrases.

Bella Donna est une vieille dame. Elle habite dans une étrange vieille petite maison.

Puis **lis** cet article du dictionnaire.

vieux, vieille adjectif
1. Une personne vieille, un animal vieux, c'est une personne ou un animal qui est né depuis longtemps. *Le chien de Virginie est très vieux.* ■ Tu peux dire aussi **âgé**. ■ Le contraire de vieux, c'est **jeune**.
2. *Léo est plus vieux que son frère,* il est plus âgé que lui, il a plus d'années que lui.
3. *Maman a mis une vieille robe,* elle a mis une robe qu'elle a depuis longtemps. ■ Tu peux dire aussi **ancien**. ■ Le contraire de vieux, c'est **neuf**, **nouveau**, **récent**. ■ On dit un homme **vieux** et un **vieil** homme.

Remplace le mot vieille par un mot de même sens.

ancienne – âgée

une **vieille** dame :

une dame ______

une **vieille** maison :

une maison ______

Remplace le mot vieille par son contraire.

neuve – jeune

une **vieille** dame :

une dame ______

une **vieille** maison :

une maison ______

2 **Recopie** les groupes nominaux en remplaçant le mot en orange par son contraire.

bouclés – droit – courts – rond – allongé
maigre – petite – jolie

un nez **crochu** : ______

un menton **pointu** : ______

des cheveux **raides** : ______

des cheveux **longs** : ______

un visage **rond** : ______

de **grande** taille : ______

un homme **gros** : ______

une sorcière **laide** : ______

3 **Complète** chaque groupe nominal avec un mot qui a le même sens que le mot en orange.

frisés – mince – long – bizarre – étrange

une **drôle** de vieille dame : une dame ______ une dame ______

des cheveux **bouclés** : des cheveux ______

un **grand** corps **maigre** : un ______ corps ______

Fiche 76 + et ++

Écrire un portrait (1)

1 a. **Lis** ce portrait de sorcière.

La sorcière Bella Donna

Bella Donna est une drôle de vieille dame.
Elle a un grand corps maigre. Elle est laide. Elle a un nez crochu, un menton pointu, des yeux ronds comme des boutons et des cheveux gris. Elle porte des vêtements noirs et un grand chapeau noir.
Elle vit dans une vieille petite maison au milieu d'un petit bois.

b. **Souligne** la phrase qui présente la sorcière.

c. **Entoure** les quatre phrases qui décrivent l'aspect physique de la sorcière.

d. **Réponds** aux questions par une phrase.

À quoi ressemblent les yeux de la sorcière ?

____

Quels habits porte Bella Donna ? ______________________________

____

Où vit Bella Donna ? ______________________________

____

e. **Colorie** les virgules et le mot **et** dans l'énumération de la quatrième phrase.
Colorie le mot **et** qui relie deux groupes nominaux dans la cinquième phrase.

2 **Écris** cinq phrases pour faire le portrait d'une fée sur le modèle de celui de la sorcière. **Observe** le dessin. **Utilise** les groupes nominaux écrits page 112 pour décrire son aspect physique, son visage, ses habits et son lieu d'habitation.

Trouve un nom à la fée : ______________________________

La fée ______________________________

Vérifie que tu as utilisé des groupes nominaux, que tu as mis un point à la fin de chaque phrase et que tu as bien employé les virgules et le mot **et** à la fin de l'énumération de la troisième phrase.

Fiche 77 + et ++

Les 9 vies d'Aristote (3)

› Rappeler le début de l'histoire
› Donner du sens à des mots inconnu
› Faire des inférences

Bella Donna nettoya sa maison puis savonna Aristote dans une bassine et le rinça. Ensuite, elle lui donna à manger.

Aristote n'avait jamais mangé de viande comme celle-là (c'était en fait un mélange de cuisses de grenouilles, d'escargots et de cloportes grillés) mais il la trouva délicieuse. Il lécha son assiette, s'allongea devant le feu et s'endormit.

Quand il se réveilla de nouveau, il était seul. La vieille dame était partie, fermant la porte de la cuisine derrière elle et, remarqua Aristote, son balai avait également disparu.

Où elle était allée, il n'en savait rien mais, après le copieux repas qu'il venait de faire et la chaleur du feu aidant, Aristote se mit à avoir très soif. Il s'en fut explorer la cuisine à la recherche d'un liquide quelconque pour se désaltérer.

Il vit alors que, sur une table, se trouvait une grande et lourde cruche en terre cuite. Il bondit et jeta un œil à l'intérieur. Son flair lui signala qu'elle était remplie d'une sorte de lait, mais de quel animal, il ne le savait pas (c'était en fait un mélange de lait de vache, de lait de chèvre et de lait de brebis, avec une pointe de lait de pigeon par-dessus).

1 Relie chaque partie de phrase à celle qui convient.

La sorcière savonne Aristote •
Après sa chute, il reste •

• car elle lui fait sa toilette chaque jour.
• car il est tout noir après sa chute dans la cheminée.
• huit vies à Aristote.
• neuf vies à Aristote.

2 Écris chaque mot devant sa définition.

délicieuse – rincer – un cloporte

_______________ : tout petit animal marron avec une carapace, qui vit sur le sol, dans la mousse

_______________ : laver pour enlever le savon

_______________ : très, très bonne

3 Écris Vrai ou Faux.

a. Aristote trouve la viande très mauvaise. _______________

b. Aristote est enfermé dans la cuisine. _______________

c. Bella Donna est avec Aristote quand il se réveille. _______________

4 **Écris** une phrase pour dire pourquoi, à ton avis, le balai a disparu.

____

5 **Écris** à côté de chaque groupe de mots en orange le mot du texte qui a le même sens.

a. un repas **où l'on mange beaucoup** (ligne 8) : un repas ______
b. **quelque chose qui coule** (ligne 10) : un ______
c. **boire pour ne plus avoir soif** (ligne 11) : se ______
d. un **pot avec un bec et une anse** (ligne 13) : une ______
e. il **regarda rapidement** (ligne 14) : il ______
f. **ce qui permet à un animal de reconnaitre par l'odeur** (ligne 14) : son ______
g. du lait de **la femelle du mouton** (ligne 17) : du lait de ______

6 **Complète** la composition du lait qui est dans la cruche.

un mélange de lait de ______, de lait de ______ et de lait de ______, avec une pointe de lait de ______ par-dessus.

Écris le nom de l'animal qui ne donne pas de lait : ______

7 **Réponds** aux questions en écrivant une phrase.

Pourquoi Aristote se met-il à avoir très soif ?

____

Pourquoi Aristote explore-t-il la cuisine ?

____

Où se trouve la cruche ?

____

8 **Coche** ce qui est vrai.

- ◯ Aristote se jette dans la cruche.
- ◯ Aristote regarde à l'intérieur de la cruche.

- ◯ Aristote a vu que c'était du lait qui était à l'intérieur de la cruche.
- ◯ Aristote a senti que c'était du lait qui était à l'intérieur de la cruche.

- ◯ Aristote sait de quel animal vient le lait de la cruche.
- ◯ Aristote ne sait pas de quel animal vient le lait de la cruche.

Oral 9 **Lis** à haute voix de « Quand il se réveilla… » (ligne 6) à la fin.

Fiche 78+ et ++

Écrire g, ge, j

1 **Lis** les mots suivants. **Entoure** les différentes écritures du son [ʒ].

le jardin – toujours – un jeu – une jupe – aujourd'hui – du jambon – un donjon
un jaguar – jeune – jouer – un objet – joyeux – jaune – joli – une joue
rouge – un pigeon – le genou – une girafe – la neige – une gerboise – orange
un géant – une angine – ranger – gentil – le givre – un visage – la gymnastique
une nageoire – un plongeon – un bourgeon – il plongeait – en nageant – nous mangeons

Écris les trois manières d'écrire le son [ʒ] : ______ ______ ______

Entoure la lettre qui se trouve juste après ge dans les mots de la dernière ligne.

2 **Lis** ces mots.

rouge – la neige – un étage – la luge – un fromage – un manège – une éponge

Comment s'écrit [ʒ] à la fin d'un mot ? ______

3 **Écris** avec des déterminants les noms de l'activité 1 représentés par ces dessins.

______ ______ ______ ______

4 **Conjugue** les verbes au présent avec les pronoms indiqués.

manger ➜ tu ______ nous ______
plonger ➜ je ______ nous ______
ranger ➜ vous ______ nous ______

5 **Complète** chaque mot avec ch ou g puis **récris**-le en entier.

a. Les dents sont dans la bou__ e. Les dents sont dans la ______ .
b. Mattéo bou__ e tout le temps. Mattéo ______ tout le temps.
c. L'oiseau est dans une ca__ . L'oiseau est dans une ______ .
d. Nous jouons à ca__ - ca__ . Nous jouons à ______ .

6 **Écris** une phrase avec ces mots. **Entoure** la lettre qui permet d'écrire le son [ʒ].

sa jolie jupe orange – a mis – jeudi – la girafe Gigi

______

MOTS À MÉMORISER

le genou • (une) orange • jaune • ranger

une joue • gentil • joyeux • joli

1 **Complète** chaque phrase avec des mots appris contenant [ʒ].

Enzo aime les ____________ ; pour gouter, il mange toujours une ____________ .

Apolline ____________ son beau pull ____________ et ____________ dans un tiroir.

Jules est tombé, il a mal à son ____________ .

Entoure la ou les lettres qui servent à écrire le son [ʒ] dans les mots que tu as écrits.

2 **Écris** les mots qui se terminent par les lettres indiquées.

un l qui ne se prononce pas : ____________

un e qui ne se prononce pas : ____________

un x qui ne se prononce pas : ____________

Entoure la lettre qui sert à écrire le son [ʒ] dans les mots que tu as écrits.

3 **Écris** le mot appris qui a le même sens que beau. ____________

4 **Réponds** aux devinettes avec un mot appris.

a. Je désigne une couleur et un fruit, je suis le mot ____________ .

b. Je suis une partie de la jambe, je suis le ____________ .

c. Nous sommes de chaque côté du nez, nous sommes les ____________ .

d. Si on me mélange avec du bleu, on a du vert, je suis la couleur ____________ .

5 **Écris** le verbe appris.

____

6 **Récris** les groupes nominaux au pluriel :

un gentil chat : ____________

une joue rouge : ____________

une jolie chemise jaune : ____________

7 **Retrouve** des mots appris et **écris**-les.
Chaque lettre est codée avec son numéro de place dans l'alphabet.

10	15	12	9

____

10	15	25	5	21	24

____

La relation sujet-verbe au futur (2)

1 **Lis** le texte.

Après mon aventure sur le toit, **je mange** une viande délicieuse. Puis, **la vieille dame ferme** la porte de la cuisine et **elle quitte** la maison avec son balai. **Je suis** seul près du feu. Un peu plus tard, **j'ai** soif, alors **je recherche** un liquide pour me désaltérer. **Je trouve** une grande et lourde cruche.

oral **Dis** le texte au futur. Puis **écris** les verbes au futur avec leur sujet.

Après mon aventure sur le toit, **je mange** une viande délicieuse.

Ce soir, après mon aventure sur le toit, ______________ une viande délicieuse.

Puis, **la vieille dame ferme** la porte de la cuisine et **elle quitte** la maison avec son balai.

Puis, ______________ la porte de la cuisine et ______________ la maison avec son balai.

Je suis seul près du feu.

______________ seul près du feu.

Un peu plus tard, **j'ai** soif, alors **je recherche** un liquide pour me désaltérer.

Un peu plus tard, ______________ un liquide pour me désaltérer.

Je trouve une grande et lourde cruche.

______________ une grande et lourde cruche.

Indique l'infinitif des verbes conjugués : ______________

____

2 **Colle** les étiquettes à la bonne page dans ton cahier de grammaire.

3 **Écris** le texte suivant au futur.

Au petit déjeuner, **j'ai** faim. **Je verse** des céréales dans un grand bol de lait et **je mange** tout.

Demain, ______________

____

4 **Écris** le texte suivant au futur.

À la récréation, je suis avec Karim et je bavarde. Puis je joue avec Louna et je rentre en classe avec Yanis. Tout à l'heure, ______________

____

______________.

Fiche 80 + et ++

L'adjectif

1 **Lis** ces groupes nominaux.

un nez crochu
un menton pointu
un grand chapeau noir
un feutre vert
un grand détective
cette petite table
une énorme pluie
une rue tordue
l'encre violette
une culotte courte

Entoure le déterminant et **souligne** le nom dans chaque groupe nominal.

Relis uniquement le déterminant et le nom de chaque groupe nominal.

Tu constates qu'il manque des précisions sur chaque nom.

Recopie les mots qui donnent des précisions de taille, de couleur, de forme.
Ces mots sont des **adjectifs**.

taille	couleur	forme
....	....	....
....	....	....
....	....	....
....	....	....

Recopie :

un groupe nominal avec un adjectif placé avant le nom ____________________

un groupe nominal avec un adjectif placé après le nom ____________________

un groupe nominal avec un adjectif placé avant le nom et un adjectif placé après le nom ____________________

2 **Lis** la page 17 de ton cahier de grammaire. **Recopie** d'autres adjectifs.

____

____

____

____

____

3 **Complète** ce texte.

Dans le groupe nominal, **l'adjectif** apporte des précisions sur le ____________ .

L'adjectif peut être placé ____________ le nom ou ____________ le nom.

Sur ton cahier de grammaire, tu peux écrire le titre de la page 17 :
Groupes nominaux : déterminant, nom, adjectif.

Les 9 vies d'Aristote (4)

› Donner du sens à des mots inconnus
› Faire des inférences
› Comprendre des liens logiques

Aristote glissa une patte dans la cruche et remua le liquide, produisant ainsi, lui dirent ses oreilles, un appétissant clapotis. Il retira sa patte et la lécha, et sa langue lui apprit que c'était délicieux.

Aristote posa alors ses deux pattes sur le bord de la cruche, plongea avidement sa tête à l'intérieur et se mit à boire goulument.

À mesure que le niveau de lait baissait, Aristote s'enfonçait de plus en plus loin dans la lourde cruche, tant et si bien qu'elle finit par basculer et se retourner sur lui.

Quand, juste après minuit, Bella Donna fut de retour, elle ouvrit la porte de la cuisine, rangea son balai dans son coin et entendit alors un miaulement très mélancolique.

À la lueur mourante du feu, elle vit que sa grande cruche en terre cuite était retournée au milieu de la table de la cuisine, qu'il y avait du lait tout autour et sur le sol et que le bruit venait de la cruche renversée.

Une bougie à la main, elle souleva la cruche et découvrit un pauvre chaton tout malheureux, plus blanc que blanc et parfaitement dégoulinant.

Une fois de plus, elle fit chauffer de l'eau pour laver Aristote. Une fois de plus, elle le sécha.

1 **Complète** le texte pour rappeler ce qu'il s'est passé depuis la chute d'Aristote dans la cheminée.

cruche – soif – copieux repas – liquide – lait
endormi – cuisine – désaltérer

Après sa chute dans la cheminée, Aristote a fait un ____________________ puis il s'est ______________ . À son réveil, il est enfermé dans la ______________ et il a très ______________ . Alors il cherche un ______________ pour se ______________ . Il trouve une grosse ______________ remplie de ______________ .

2 **Écris** le nombre de paragraphes du texte : ______________

3 **Relie** chaque mot ou groupe de mots à ce qu'il veut dire dans le texte.

- ... produisant ainsi, **lui dirent ses oreilles**, un **appétissant clapotis** •
- il plongea **avidement** sa tête à l'intérieur •
- sa langue lui apprit que c'était **délicieux** •
- il se mit à boire **goulument** •
- À mesure que **le niveau baissait** •

- • Aristote goute le liquide et le trouve très bon
- • boire beaucoup et très vite
- • Aristote entend le bruit léger fait par le liquide et il a envie de le boire
- • il y avait de moins en moins de liquide
- • il mit sa tête rapidement dans la cruche

4 **Écris** chaque mot à côté de sa définition.

basculer – mélancolique

_______________ : un peu triste

_______________ : tomber en perdant l'équilibre

5 **Recopie** la phrase qui indique qu'Aristote a vraiment très soif.

____

6 **Remplace** les mots en orange par des mots du texte qui ont le même sens.

a. à la **lumière très faible** du feu (ligne 13) : à la _______________

b. un chaton **avec plein de lait qui coule de partout** (ligne 17) :
un chaton parfaitement _______________

7 **Réponds** aux questions par une phrase.

Où se trouve Aristote quand la sorcière rentre ?

____

Qu'est-ce que la sorcière entend en rentrant ?

____

Que voit-elle sur la table et par terre ?

____

Comment Bella Donna s'éclaire-t-elle ?

____

8 **Coche** la bonne réponse.

Pourquoi le chaton est-il plus blanc que blanc ?

- ◯ Parce que c'est sa couleur.
- ◯ Parce que c'est sa couleur et en plus il est couvert de lait.

Pourquoi le chaton miaulait-il tristement ?

- ◯ Parce qu'il avait trop bu et qu'il était malade.
- ◯ Parce qu'il ne pouvait pas sortir de la cruche.

Pourquoi la sorcière doit-elle laver Aristote ?

- ◯ Parce que c'est l'heure de sa toilette.
- ◯ Parce qu'il est couvert de lait.

ral **9** **Lis** à haute voix de « À mesure que… » (ligne 8) à la fin.

Des mots pour parler d'un personnage (2)

1 **Lis** ces phrases.

Bella Donna n'est pas une méchante sorcière.

Elle a un chaton tout blanc très turbulent.

Puis **lis** les deux articles du dictionnaire ci-dessous.

turbulent, turbulente adjectif
Joachim est un enfant turbulent, c'est un enfant qui remue tout le temps et qui fait beaucoup de bruit.
- Tu peux dire aussi **terrible.**
- Le contraire de turbulent, c'est **calme**, **sage.**

méchant, méchante adjectif
Paul a été méchant avec sa sœur, il lui a fait du mal exprès.
Ce chien est méchant avec les gens qu'il ne connait pas, il attaque et il mord les gens qu'il ne connait pas.
- Le contraire de méchant, c'est **gentil.**

Remplace le mot turbulent par un mot de même sens.

un chaton turbulent : un chaton ______________

Remplace le mot turbulent et le mot méchant par des mots contraires.

un chaton turbulent : un chaton ______________

un chaton turbulent : un chaton ______________

un méchant chien : un ______________ chien

2 **Complète** les phrases avec les adjectifs qui conviennent.

malheureux – gourmand – curieux

Aristote ne peut pas sortir de la cruche, il est ______________

Aristote veut tout voir, tout connaitre, il est ______________

Aristote aime les bonnes soupes, il est ______________

3 **Relie** les adjectifs à leurs contraires.

malheureux, triste •	• peureux
prudent •	• content, gai, heureux, joyeux
courageux •	• audacieux
timide •	• imprudent

oral **Dis** une phrase avec chacun de ces adjectifs. Puis **écris** une de ces phrases.

____

Fiche 83 + et ++

Écrire un portrait (2)

1 **a. Lis** la suite du portrait de Bella Donna.

Bella Donna est une sorcière gentille.
Comme toutes les sorcières, elle a un chat mais il n'est pas noir, il est blanc et il est très turbulent.
Dans la journée, elle prépare des soupes délicieuses avec des cuisses de grenouilles, des escargots et des cloportes grillés. La nuit, elle part on ne sait où avec son balai.

b. Indique le nombre de phrases. ______

Souligne la phrase qui indique le caractère de la sorcière.

c. Écris le nom de l'animal et celui de l'objet que possèdent toutes les sorcières.

______

d. Indique les activités de la sorcière.

______

______

e. Colorie les virgules et le mot et dans l'énumération de la troisième phrase.

f. Imagine où va Bella Donna la nuit et **écris** une phrase pour remplacer la dernière phrase.

La nuit, elle ______

______

Vérifie que tu as mis la majuscule et le point quand tu as écrit une phrase.

2 **Continue** le portrait de la fée commencé page 113, en indiquant si c'est une gentille ou une méchante fée, ce qu'elle possède comme toutes les fées, comment elle se déplace et ce qu'elle peut faire avec sa baguette magique.

est une fée

Fiche 84 + et ++

Les 9 vies d'Aristote (5)

- Rappeler le début de l'histoire
- Interpréter les substituts
- Attribuer du sens à des mots incon

Si la cruche ne s'était pas renversée, Aristote serait resté coincé la tête en bas et se serait noyé. Il avait donc encore perdu une vie. Après cette mésaventure, il resta tranquille pendant une semaine. Mais un jour, il monta tout en haut d'un grand arbre. Il se cramponna à une branche fine et souple mais le vent le fit basculer dans le vide. Il se cogna aux branches, il cria, et il atterrit avec un grand splash dans un cours d'eau froid et rapide. Il but la tasse plusieurs fois. Le courant l'emportait quand il vit une espèce de gros et long fagot de brindilles. Il l'attrapa, c'était le balai de Bella Donna.

– Eh bien, mon garçon, lui dit-elle après l'avoir ramené à la maison et séché convenablement, tu as réussi à perdre deux vies d'un coup ! La chute aurait dû rompre ton petit cou et la rivière aurait dû remplir tes petits poumons d'eau. J'ai comme l'impression que je vais avoir besoin d'un peu de magie pour te garder sur la terre des vivants. Il faut vraiment que tu prennes garde à toi, Aristote, il ne te reste plus que cinq vies maintenant. [...]

Aristote s'était habitué à ce que Bella reste à la maison dans la journée et sorte généralement le soir, le laissant endormi près du feu. Comme il était très observateur, il avait aussi remarqué qu'elle ne sortait jamais la nuit sans son balai mais, pour quelle raison, il ne le savait pas.

1 **Numérote** les phrases dans l'ordre pour raconter la mésaventure d'Aristote avec la cruche.

- ◯ La cruche se retourne sur Aristote qui ne peut plus sortir.
- ◯ Elle le lave et le sèche correctement.
- ◯ Il s'enfonce de plus en plus dans la cruche.
- ◯ Aristote goute le lait qui est dans la cruche et le trouve bon.
- ◯ Bella Donna découvre Aristote sous la cruche.

2 **Indique** combien il reste de vies à Aristote après sa mésaventure avec la cruche : ____________

3 **Recopie** le groupe de mots qui décrit le balai de Bella Donna.

____

4 **Coche** la bonne explication de chaque phrase en orange.

Il se cramponnait à une branche.

◯ Il marchait sur une branche. ◯ Il se tenait très fort à une branche.

Il a bu la tasse plusieurs fois.

◯ Il a avalé de l'eau sans le faire exprès. ◯ Il a bu une tasse d'eau.

Il a atterri avec un grand splash dans un cours d'eau froid et rapide.

- ◯ Il est tombé sur ses deux pattes dans de la boue.
- ◯ Il est tombé en faisant un grand plouf dans de l'eau froide qui coulait très vite.

5 **Écris** les mots du texte qui ont le même sens que ceux en orange.

prennes garde – était très observateur – correctement – rompre

casser ton petit cou : ______________ ton petit cou

il faut que **tu fasses attention** : il faut que tu ______________

il **remarquait tout** : il ______________

après l'avoir ramené à la maison et séché **convenablement** : ______________

6 **Écris** sous chaque mot en orange le personnage désigné.

Aristote – la sorcière

Eh bien, **mon garçon**

____

Tu as réussi à perdre deux vies d'un coup !

____

Je vais avoir besoin d'un peu de magie.

____

Comme **il** était très observateur, il avait aussi remarqué qu'**elle** ne sortait jamais la nuit sans son balai.

______________ ______________

7 **Relie** la première partie de phrase à la suite qui convient.

Aristote a perdu une quatrième vie •	• parce qu'il aurait dû se noyer dans l'eau.
Aristote a perdu une troisième vie •	• parce qu'il aurait dû se casser le cou en tombant.

8 **Entoure** le texte qui résume le mieux l'histoire.

a. Aristote a perdu deux vies : il aurait pu se casser le cou en tombant de l'arbre ou se noyer dans la rivière. Heureusement, Bella l'a sorti de l'eau avec son balai. Dans la journée, Aristote reste avec la sorcière et, la nuit, il dort quand elle sort.

b. Maintenant Aristote ne fait plus de bêtises. Il ne perd plus de vie. Il reste sagement près de la sorcière pendant la journée et la nuit, il dort près du feu pendant qu'elle sort.

Oral **9** **Lis** à haute voix de « Eh bien… » (ligne 8) à la fin.

Fiche 85 + et ++

Le féminin des adjectifs

1 **Recopie** les groupes nominaux dans la colonne qui convient.
Souligne les adjectifs.

une pomme verte - un fruit vert - un repas froid - une soupe froide

groupes nominaux masculins	groupes nominaux féminins
....	....
....	....

Les adjectifs se prononcent-ils de la même façon au masculin et au féminin ? ______________

Entoure la lettre ajoutée à l'adjectif au féminin.

2 **Lis** ces groupes nominaux. **Souligne** les adjectifs.

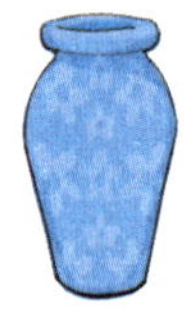

un joli vase bleu - une jolie robe bleue

Les adjectifs se prononcent-ils de la même façon au masculin et au féminin ? ______________

Quelle lettre ne faut-il pas oublier au féminin ? ________

3 **Lis** ces groupes nominaux. **Souligne** les adjectifs.

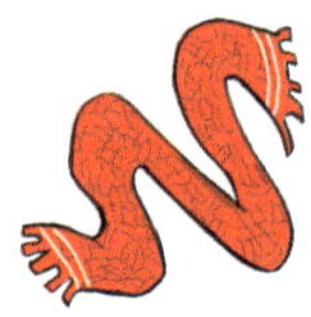

un bonnet rouge - une écharpe rouge

Les adjectifs au masculin et au féminin sont-ils différents à l'oral et à l'écrit ? ______

4 **Complète** avec l'adjectif qui convient.

rond - ronde — une assiette ______________

content - contente — un garçon ______________

gris - grise — une souris ______________

fermé - fermée — une porte ______________

grand - grande — un ______________ chapeau

5 **Récris** chaque groupe nominal avec le nom proposé.

une brioche chaude ➜ un croissant ______________

un chat noir ➜ une chatte ______________

un vase cassé ➜ une assiette ______________

une plante fleurie ➜ un arbre ______________

un éléphant énorme ➜ une baleine ______________

6 **Complète** ce qui est à retenir.

Au féminin, je mets un __________ à la fin des __________, sauf s'il y en a déjà un.

MOTS À MÉMORISER

encore • des ciseaux • un œil/des yeux • le printemps

vrai • magnifique • fort • propre

1 **Complète** chaque phrase avec un des mots appris.

Nous prenons des ________________ pour découper les étiquettes.

Il est midi et Johan dort ________________.

Les tulipes fleurissent au ________________.

J'ai mal à un ________________.

Tu as les ________________ verts.

2 **Complète** chaque groupe nominal avec l'adjectif qui convient.

vrai - vraie

une ________ perle

un ________ tableau

fort - forte

une voix ________

un vent ________

3 **Récris** chaque adjectif avec le nom proposé.

une chemise propre ➜ un pantalon ________________

une maison magnifique ➜ un château ________________

4 **Écris** le mot appris qui est de la même famille que le mot temps.

____

5 **Écris** les deux noms appris qui sont au pluriel.

________________ ________________

6 **Écris** le mot invariable : ________________

7 **Écris** le contraire de l'adjectif en orange.

C'est faux. C'est ________________.

C'est sale. C'est ________________.

8 **Complète** avec l'adjectif qui a le même sens que le groupe de mots en orange.

C'est très beau ! C'est ________________ !

9 **Retrouve** des mots appris et **écris**-les.
Chaque lettre est codée avec son numéro de place dans l'alphabet.

6	15	18	20

____

15	5	9	12

____

La relation sujet-verbe au futur (3)

1 **Lis** le texte.

Tu restes sage pendant une semaine, tu joues tranquillement. Mais un jour, tu montes en haut d'un arbre. Le vent souffle fort. Les branches fines et souples bougent beaucoup. Tu bascules dans le vide et tu plonges dans la rivière. Le courant t'emporte. Heureusement, Bella Donna arrive et tu attrapes son balai pour sortir de l'eau.

oral **Dis** le texte au futur. Puis **écris** les verbes au futur avec leur sujet.

Tu restes sage pendant une semaine. Tu joues tranquillement.

________ sage pendant une semaine. ________ tranquillement.

Mais un jour, tu montes en haut d'un arbre.

Mais un jour, ________ en haut d'un arbre.

Le vent souffle fort.

________ fort.

Les branches fines et souples bougent beaucoup.

________ beaucoup.

Tu bascules dans le vide et tu plonges dans la rivière.

________ dans le vide et ________ dans la rivière.

Le courant t'emporte.

________ t'________.

Heureusement, Bella Donna arrive et tu attrapes son balai pour sortir de l'eau.

Heureusement, ________ et ________ son balai pour sortir de l'eau.

Indique l'infinitif des verbes conjugués : ________

____

2 **Colle** les étiquettes à la bonne page dans ton cahier de grammaire.

3 **Écris** le texte suivant au futur.

Dans la classe, tu ranges tes affaires dans la case, tu poses ta trousse sur la table.

Tout à l'heure, ________

____

4 **Écris** le texte suivant au futur.

Tu regardes un livre, puis tu dessines et tu découpes ton dessin.

Tout à l'heure, ________

Fiche 87 + et ++

Des groupes nominaux (10)

1 **Lis** ces groupes nominaux.

ton petit cou – tes petits poumons – un grand chaudron noir – un véritable cauchemar
une sorcière rapide – ses petites pattes

Entoure les déterminants, **souligne** les noms d'une couleur et les adjectifs d'une autre couleur.

Recopie chaque groupe nominal dans la bonne colonne.

masculin	féminin
....	....
....	....
....	....

singulier	pluriel
....	....
....	....
....	....

2 **Complète** chaque phrase avec le groupe nominal qui convient. Puis **souligne** l'adjectif.

une méchante sorcière – une gentille sorcière

Bella Donna est ______________________

un chat noir – un chat blanc

Aristote est ______________________

une grande et lourde cruche – une petite cruche légère

Sur la table, Aristote voit ______________________

une viande mauvaise – une viande délicieuse

Aristote mange ______________________

un chaton malheureux – un chaton heureux

Sous la cruche, Bella découvre ______________________

3 **Ajoute** l'adjectif qui convient à chaque groupe nominal

copieux – grillés – triste – curieux

Sous la cruche, Aristote pousse un miaulement ______________ .

Dans la viande, il y a des cloportes ______________ .

Aristote est un chaton ______________ .

Le chaton mange un repas ______________ .

Période 5

Fiche 88 + et ++

Les 9 vies d'Aristote (6)

› Attribuer du sens à des mots incon
› Faire des inférences
› Comprendre les pensées des person

Alors que Bella Donna était occupée à réchauffer quelque chose dans un grand chaudron noir suspendu au-dessus du feu, Aristote s'esquiva pour une petite promenade. Il entendait des grands bruits qui résonnaient près du bois. C'étaient des cliquetis, des bruits de soufflets avec parfois un sifflement aigu. Il voulait aller voir ce que c'était.

Ce jour-là, avec le crépitement du feu et le bouillonnement du liquide dans le chaudron, Bella n'entendit pas les bruits métalliques et de soufflet. Mais quand le sifflet retentit, il était particulièrement fort et strident. Elle jeta alors un rapide coup d'œil autour d'elle à la recherche d'Aristote mais ne le vit pas dans la pièce.

S'il y avait eu un témoin, il aurait été surpris de la vitesse avec laquelle Bella agit soudain. Elle lâcha sa cuiller dans le chaudron qu'elle souleva et mit hors du feu, prit son balai dans le coin et se précipita dehors.

Il avait fallu cinq bonnes minutes à Aristote pour se rendre de la chaumière à la ligne de chemin de fer, en haut du remblai, mais Bella s'y envola en un rien de temps – pour assister à un véritable cauchemar.

1 **Relie** chaque mot à sa définition.

s'esquiver •	• grande marmite suspendue au-dessus du feu
un chaudron •	• des petits bruits faits par du métal
des cliquetis •	• partir sans faire de bruit

2 **Coche** la bonne explication de chaque phrase en orange.

des grands bruits qui résonnaient près du bois

- ○ des grands bruits qu'on entendait de loin et en écho près du bois
- ○ des grands bruits qui faisaient très mal aux oreilles

un sifflement aigu

- ○ un sifflement tout doux
- ○ un sifflement qui fait mal aux oreilles

le crépitement du feu

- ○ les bruits secs et répétés du feu
- ○ les flammes du feu

le sifflet retentit, il est strident

- ○ le bruit du sifflet ne s'entend presque pas
- ○ le bruit du sifflet se fait entendre, il est perçant

3 **Complète** en imaginant ce que Bella Donna faisait réchauffer dans son grand chaudron noir.

Bella Donna faisait réchauffer ____________________

____

4 **Écris** Vrai ou Faux.

a. Aristote regarde Bella Donna qui est à côté du feu. ______

b. Aristote sort faire une petite promenade. ______

c. Il fait le tour de la maison. ______

d. Il va vers le bois. ______

e. Il veut savoir ce que sont les grands bruits qu'il entend près du bois. ______

f. Il veut savoir ce que Bella prépare dans son chaudron. ______

5 **Remplace** chaque groupe de mots en orange par les mots du texte qui ont le même sens.

a. S'il y avait eu **quelqu'un pour voir Bella Donna** (ligne 12)

S'il y avait eu un ______

b. en haut du **mur de terre** (ligne 16)

en haut du ______

c. **être là et voir quelque chose qui fait très peur** (ligne 17)

______

6 **Coche** ce qui est vrai.

Quand Bella Donna entend le coup de sifflet strident et qu'elle ne voit plus Aristote dans la maison, elle pense :

- ◯ Aristote est dehors, je vais aller me promener avec lui.
- ◯ Aristote est dehors, il doit faire une bêtise, il faut vite que j'aille à son secours.

7 **Réponds** aux questions par une phrase.

Où se rend Bella Donna ?

______

Comment y va-t-elle ?

______

8 **Entoure** ce qui produit le cliquetis, le bruit de soufflet et le sifflement.

un camion - une voiture - des travaux sur une route - un train à vapeur - un forgeron

9 **Coche** ce que tu crois que Bella Donna voit quand elle arrive près de la voie de chemin de fer.

- ◯ Elle voit Aristote sagement assis en train de regarder un train qui arrive.
- ◯ Elle voit Aristote sur la ligne de chemin de fer et le train qui arrive.
- ◯ Elle voit Aristote monter dans le train.

Oral **10** **Lis** à haute voix de « Ce jour-là… » (ligne 7) à la fin du texte.

Les actions des personnages

1 **Lis** ce texte.

Aristote vient d'arriver chez la sorcière. Il part explorer la maison. Pour grimper sur le toit, il doit escalader le mur de lierre. Sur le toit, il se penche au-dessus de la cheminée et dégringole dedans. Il atterrit sur le foyer heureusement éteint par la suie.
Quelques jours plus tard, il plonge sa tête dans une lourde cruche et il se retrouve coincé dessous.
Un beau matin, il bondit sur la branche d'un arbre puis monte tout en haut de l'arbre. Là, le vent le fait tomber dans la rivière.

Recopie.

a. les deux verbes qui ont le même sens que **monter** : ____________ ____________

b. le verbe qui veut dire « **aller dans la maison et regarder partout** » : ____________

c. le verbe qui a le même sens que **tomber** : ____________

d. le verbe qui indique qu'Aristote **arrive** sur le foyer : ____________

e. le verbe qui a le même sens que **saute** : ____________

2 **Lis** cet article du dictionnaire.

plonger verbe
1. Plonger, c'est se jeter dans l'eau, la tête la première et les bras en avant. *Gabriel a plongé dans la piscine du haut du grand plongeoir.*
2. Plonger, c'est mettre un objet ou une partie du corps dans un liquide. *Maman a plongé les assiettes dans l'eau.*

1. 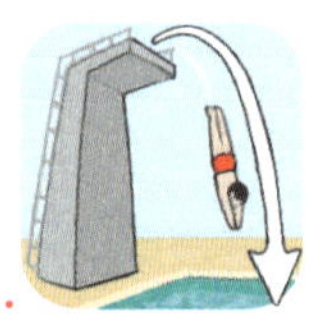

2. 

Entoure le sens dans lequel le verbe plonger est employé dans cette phrase :

Aristote plonge sa tête dans la cruche.

sens 1 sens 2

3 **Complète** chaque phrase avec le verbe qui convient.

basculer – se cogne – s'esquive

Aristote ____________ pour une petite promenade.

Aristote ____________ aux branches.

Le vent fait ____________ le chaton dans le vide.

oral **4** **Dis** une phrase avec un verbe d'action choisi dans cette page puis **écris**-la.

____

Fiche 90 + et ++

Raconter une aventure d'Aristote

1 **Réponds** aux questions pour raconter le début de la troisième aventure d'Aristote.

Après son problème avec la cruche, combien de temps Aristote reste-t-il tranquille dans la maison au milieu du petit bois ?

Mais un beau matin, où Aristote monte-t-il ?

Vérifie que tu as mis les majuscules et les points.

2 **Écris** une phrase au présent sous chaque image pour continuer à raconter l'aventure d'Aristote.

Le vent balance l'arbre et Aristote

La sorcière entend les cris d'Aristote et arrive aussitôt.

Vérifie que tu as bien employé les verbes d'action de la page 132 et que tu as mis les majuscules et les points.

3 **Termine** le récit de l'aventure d'Aristote en indiquant ce que Bella Donna fait ensuite et combien il reste de vies au chaton.

Fiche 91 + et ++

Les 9 vies d'Aristote (7)

› Comprendre les pensées des personna
› Donner du sens à des mots inconnus
› Faire des inférences

Un chat blanc se promenait sur la voie ferrée, reniflant avec curiosité les rails en acier de chaque côté de lui, ignorant qu'un vieux train à vapeur arrivait derrière lui, soufflant, cliquetant et sifflant comme un fou, à présent, à la vue de l'imprudent.

Comme beaucoup de chats blancs, Aristote était un peu sourd et, quand il perçut le bruit, la locomotive était presque sur lui. Il entendit alors la voix de Bella :

– Couche-toi, Aristote ! cria-t-elle d'une voix perçante. Plaque-toi contre le sol et ne bouge pas d'une moustache !

Aristote se tapit entre les rails et n'oublia jamais le bruit terrible de la locomotive quand elle passa, haletante et sifflante, au-dessus de lui, ni le vacarme des wagons qui cliquetaient, semblait-il, à quelques centimètres de lui. (Jamais il ne retourna sur la voie ferrée.)

Comme le bruit faiblissait, il ouvrit les yeux que, dans sa terreur, il avait fermés de toutes ses forces. Il vit Bella Donna appuyée sur son balai, sur le bord de la voie ferrée, courut à elle et vint se frotter contre ses jambes.

1 **Complète** le texte pour te souvenir de ce qui se passe dans l'histoire.

les bruits – une petite promenade – s'envole – du bois
strident – un véritable cauchemar – la ligne de chemin de fer

Aristote est parti faire ______________________. Il veut savoir ce que sont ______________ qu'il entend près ______________. Bella Donna a entendu un coup de sifflet ______________. Vite, elle arrête ce qu'elle est en train de faire et elle ______________ vers ______________________.
Là, elle assiste à ______________________.

2 **Barre** ce qui est faux.

Une voie ferrée est :
- un chemin pour les camions et les voitures
- un chemin pour les trains

3 **Relie** les mots en orange au sens qu'ils ont dans le texte.

Aristote **ignore** qu'un train arrive. •	• Aristote entendit le bruit.
Aristote **est un imprudent**. •	• Aristote ne sait pas qu'un train arrive.
Aristote **perçut** le bruit. •	• Aristote ne fait pas attention au danger.
Elle **crie d'une voix perçante**. •	• Ne bouge absolument pas.
Plaque-toi contre le sol. •	• Elle parle très fort et sa voix fait mal aux oreilles.
Ne bouge pas d'une moustache ! •	• Aplatis-toi complètement par terre.

4 **Recopie** les paroles prononcées par Bella Donna.

____

____

5 **Réponds** aux questions par une phrase.

Où se trouve Aristote ?

____

Pourquoi le train siffle-t-il comme un fou ?

____

Pourquoi Aristote n'entend-il pas le bruit du train ?

____

6 **Remplace** les mots en orange par ceux du texte qui ont le même sens.

a. Aristote **se cache en prenant le moins de place possible** entre les rails. (ligne 10)

Aristote ______________________ entre les rails.

b. La locomotive **fait du bruit comme si elle était essoufflée** et sifflante. (ligne 11)

La locomotive ______________________ et sifflante.

c. le **grand bruit** des wagons (ligne 11)

le ______________________ des wagons

d. sa **très grande peur** (ligne 13)

sa ______________________

7 **Coche** ce qui est vrai.

Pendant qu'il est tapi entre les rails et que le train passe au-dessus de lui, Aristote pense :

- ◯ J'ai eu trop peur, je ne retournerai jamais sur la voie ferrée.
- ◯ Je n'ai même pas eu peur, je reviendrai encore sur la voie ferrée.

8 **Complète** avec la partie de phrase qui indique qu'Aristote est content de retrouver Bella Donna.

Aristote ____

____

9 **Entoure** les mots qui ont un rapport avec le train.

la voie ferrée – les rails en acier – un chaudron – un vieux train à vapeur

la locomotive – les wagons

al **10** **Lis** à haute voix tout le texte.

Écrire i, il, ill, ll, y

1 **Lis** les mots suivants.
Entoure les lettres qui permettent d'écrire le son [j].

derrière - le quartier - un cahier - vieux - un avion - un camion - un lion - un pied
un pommier - rien - un chien - bien - un piano - la viande - un violon
le Soleil - un réveil - un œil - un écureuil - le travail - un rail
une oreille - une grenouille - travailler - la paille - une feuille - un caillou
un papillon - une fille - une quille - brillant
joyeux - des yeux - voyager - balayer

Écris les cinq manières d'écrire le son [j] :

2 **Écris** avec des déterminants les noms de l'activité 1 représentés par ces dessins.

3 **Change** la première lettre du mot en orange pour obtenir un nouveau mot.
Puis **complète** chaque phrase.

a. Des avions passent dans le **ciel**. Les abeilles fabriquent du ………… .

b. Ici, il y a autant de **filles** que de garçons. Dans la cour, je joue aux ………… .

c. Lili prend le crayon de Léon : — Non, c'est le **mien**, dit Léon, regarde, tu as le ………… .

4 **Recopie** les noms dans la colonne qui convient.

un conseil - le réveil - la volaille - une abeille - la taille - un écureuil - un détail
une grenouille

masculin	féminin

5 **Écris** une phrase avec ces mots. **Entoure** la ou les lettres qui permettent d'écrire le son [j].

un joli papillon - la chenille - deviendra - avec des écailles sur les ailes

MOTS À MÉMORISER

un avion • un camion • un lion • une feuille

rien • le pied • une oreille • un chien

1 **Complète** chaque phrase avec un des mots appris contenant le son [j].

Romane est déjà monté dans un ______________________ .

Un gros ______________________ bloque le passage dans la rue.

En automne, les ______________________ des arbres tombent.

Les ______________________ vivent dans la savane.

2 **Complète** la liste avec deux mots appris.

bien - le sien - le mien - le tien - un gardien - un pharmacien

______________________ - ______________________

3 **Complète** avec les mots appris désignant des parties du corps.

Nous avons deux ______________________ et deux ______________________.

4 **Recopie** les deux noms qui désignent des animaux au singulier puis au pluriel.

______________________ - ______________________

______________________ - ______________________

5 **Recopie** les deux noms qui désignent des moyens de transport au singulier puis au pluriel.

______________________ - ______________________

______________________ - ______________________

6 **Recopie** les deux noms qui désignent des parties du corps au singulier puis au pluriel.

______________________ - ______________________

______________________ - ______________________

7 **Retrouve** des mots appris et **écris**-les.
Chaque lettre est codée avec son numéro de place dans l'alphabet.

16	9	5	4			
6	5	21	9	12	12	5
15	18	5	9	12	12	5
3	1	13	9	15	14	

____

____

____

____

La relation sujet-verbe au futur (4)

1 **Lis** le texte.

Aristote n'**oubliera** pas le bruit terrible de la locomotive. **Il** ne **retournera** jamais sur la voie ferrée. Il pense :
« **Je** ne **quitterai** plus Bella. **Je** ne **monterai** plus sur le toit et **je** ne **grimperai** plus en haut d'un arbre. **Je** n'**aurai** plus envie de faire des bêtises. »
D'ailleurs, Bella Donna ordonne :
– **Tu seras** plusieurs jours à la maison sans sortir. **Tu joueras** dans la cuisine sans faire de bêtises.

oral **Dis** le texte en parlant de deux chatons Aristote et Socrate. Puis **écris** les verbes et leurs sujets.

______________________ n'______________ pas le bruit terrible de la locomotive.

________ ne ______________ jamais sur la voie ferrée.

Ils pensent :

« ________ ne ______________ plus Bella. ________ ne ______________ plus sur le toit et ________ ne ______________ plus en haut d'un arbre. ________ n'______________ plus envie de faire des bêtises. »

D'ailleurs, Bella Donna ordonne :

— ______________ plusieurs jours à la maison sans sortir. ______________ dans la cuisine sans faire de bêtises.

Indique l'infinitif des verbes conjugués : ______________________

____

2 **Colle** les étiquettes à la bonne page dans ton cahier de grammaire.

3 **Écris** le texte suivant en parlant de Noah et Mathis.

Noah oubliera son maillot de bain.

- **Tu resteras** sur le bord du bassin, dira le moniteur.

- Oui, **je regarderai** Kim et Léon nager.

____

____

____

Fiche 94 + et ++

Des phrases dans un texte (9)

1 **Relis** le texte de la page 138.
Recopie une phrase déclarative du texte.

2 **Récris** les phrases négatives du texte à la forme affirmative.

Aristote n'oubliera pas le bruit terrible de la locomotive.

Il ne retournera jamais sur la voie ferrée.

Je ne quitterai plus Bella.

Je ne monterai plus sur le toit et je ne grimperai plus en haut d'un arbre.

Entoure les mots qui ne sont pas les mêmes dans ces phrases négatives et affirmatives.

3 **Écris** une phrase en utilisant les groupes de mots suivants.

fait des bêtises – le chaton blanc

Entoure de qui on parle et ce qu'on en dit.

Recopie l'information supplémentaire donnée dans les phrases ci-dessous.

Tous les jours, le chaton blanc fait des bêtises.

Le chaton blanc fait des bêtises tous les jours.

4 **Souligne** le verbe et **entoure** le sujet dans les phrases suivantes.
Attention ! Le sujet n'est pas toujours au début de la phrase.

Le vieux train à vapeur siffle.

Pendant plusieurs jours, Aristote joue dans la cuisine.

Les 9 vies d'Aristote (8)

- Attribuer du sens aux mots inconn
- Faire des inférences
- Interpréter les substituts

Aristote est tout content d'avoir retrouvé Bella Donna.

– Eh bien, mon garçon, lui dit-elle, il s'en est fallu d'un poil, je me trompe ? Une chance que tu sois resté immobile comme je te l'ai dit. Il faut vraiment que tu fasses attention, Aristote. Plus que quatre vies, maintenant.

Et elle lui adressa un long regard appuyé de ses yeux ronds comme des petits boutons.

Au bout du bois, en descendant, se trouvait une ferme où Bella se rendait pour acheter du lait et des œufs. Derrière la ferme, il y avait une cour et au milieu de la cour une grande niche de chien en bois. Maintenant qu'Aristote était presque adulte, il suivait souvent Bella jusqu'à la ferme, remuant sa queue blanche en trottinant.

La première fois qu'il s'y rendit, Bella Donna s'arrêta devant la barrière de la cour et pointa le doigt vers la niche.

– Ne t'approche pas, l'avertit-elle, ou tu t'en mordras les pattes. Attends-moi ici pendant que je vais voir la femme du fermier.

Lors des visites suivantes, Aristote resta sagement assis près de la barrière, fixant l'ouverture noire de la niche.

1 **Rappelle**-toi comment Aristote a perdu sa cinquième vie. **Coche** ce qui est vrai.

- ◯ Aristote était sur la voie ferrée, il s'est tapi entre les rails, le train est passé au-dessus de lui sans le toucher.
- ◯ Aristote était sur la voie ferrée et le train s'est arrêté juste à côté de lui.

2 **Coche** la phrase qui a le même sens que celle en orange.

Il s'en est fallu d'un poil, je me trompe ?

- ◯ Je pense que je ne me trompe pas, tu as bien fait de couper tes poils.
- ◯ Je pense que je ne me trompe pas, on est passé tout près d'une catastrophe, le train aurait pu t'écraser.

Une chance que tu sois resté immobile.

- ◯ Tu as eu de la chance de bouger beaucoup.
- ◯ Tu as bien fait de ne pas bouger du tout.

Elle lui adressa un long regard appuyé.

- ◯ Elle regarde longtemps Aristote droit dans les yeux.
- ◯ Elle regarde Aristote rapidement.

3 **Écris** sous chaque mot en orange qui est la personne désignée.

Aristote – la sorcière

Eh bien, **mon garçon**, lui dit-**elle**, il s'en est fallu d'un poil, **je** me trompe ?

________ ________ ________

Une chance que **tu** sois resté immobile comme **je** te l'ai dit.

________ ________

Il faut vraiment que **tu** fasses attention, Aristote.

____

4 **Réponds** aux questions en écrivant une phrase.

Où Bella achète-t-elle des œufs et du lait ?

____

Qu'y a-t-il au milieu de la cour de la ferme ?

____

5 **Remplace** les mots en orange par ceux du texte qui ont le même sens.

a. Bella Donna **montra du doigt** la niche. (ligne 14)

Bella Donna ____________ vers la niche.

b. Ne **va** pas **près de la niche**, **lui dit-elle pour le prévenir d'un danger possible**. (ligne 15)

Ne ____________ pas, ____________________

c. Ne t'approche pas ou tu **le regretteras**. (ligne 15)

Ne t'approche pas ou tu ____________________

d. Aristote resta près de la barrière, **regardant sans bouger** l'ouverture noire de la niche. (ligne 17)

Aristote resta près de la barrière, ____________ l'ouverture noire de la niche.

6 **Relie** chaque début de phrase à ce que tu penses.

Dans la grande niche, au milieu de la cour,... •

Aristote ne doit pas entrer dans la cour de la ferme car... •

- il n'y a personne.
- il y a surement un chien.
- le chien pourrait lui sauter dessus.
- la fermière n'aime pas les chats.

al **7** **Imagine** ce qu'il pourrait arriver à Aristote, un jour, pendant que Bella Donna est avec la fermière.
Puis **écris** deux phrases.

____

____

al **8** **Lis** à haute voix tout le texte.

Fiche 96 + et ++

Des expressions imagées

1 **Lis** l'expression imagée en gras. Puis **coche** son sens.

Aristote **boit la tasse** plusieurs fois.

◯ Aristote a soif, il boit une tasse avec de l'eau.

◯ Aristote est tombé dans l'eau et il avale de l'eau sans le faire exprès.

2 **Relie** les expressions imagées qui sont dans l'histoire d'Aristote à ce qu'elles veulent dire.

Aristote **jette un œil** à l'intérieur de la grande et lourde cruche en terre cuite. •

• Aristote lance son œil dans la cruche.
• Aristote regarde dans la cruche.

Ne t'approche pas de la niche ou **tu t'en mordras les pattes**. •

• Si tu t'approches de la niche, tu le regretteras.
• Si tu t'approches de la niche, le chien te mordra les pattes.

Plaque-toi contre le sol et **ne bouge pas d'une moustache** ! •

• Ne bouge pas, reste immobile.
• Ne remue pas les moustaches.

3 **Lis** les définitions de ces expressions imagées puis **complète** chaque phrase avec celle qui convient.

a. **avoir la main verte** : savoir bien s'occuper des plantes

b. **avoir la tête dans les nuages** : être rêveur/rêveuse

c. **avoir un poil dans la main** : être paresseux/paresseuse

d. **avoir un chat dans la gorge** : avoir du mal à parler quand on a mal à la gorge

Celia n'aime pas travailler, elle préfère jouer, elle ____________________

Enzo n'écoute pas toujours ce que dit la maitresse, il pense à autre chose, il ____________________

On ne comprend pas ce que dit Juliette, elle a ____________________

Le jardinier s'occupe bien de ses fleurs, il ____________________

4 **Complète** l'expression imagée familière représentée par ce dessin.

Casser les ____________

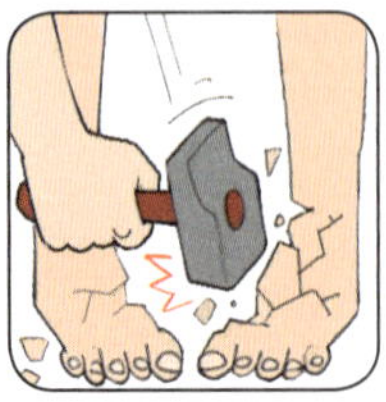

Coche ce qu'elle veut dire.

◯ embêter quelqu'un

◯ marcher sur les pieds de quelqu'un

oral **5** **Dis** une phrase avec une expression imagée choisie dans cette page. Puis **écris**-la.

____

Imaginer une aventure d'Aristote (1)

1 **a. Lis** l'aventure qui pourrait arriver à Aristote. Elle est racontée au futur.

> Un beau matin, Aristote décidera de faire une petite promenade. Mais il ne restera pas sur le chemin comme Bella lui a dit, il traversera un grand pré. Le chaton observera un troupeau de vaches. Mais il apercevra aussi deux gros taureaux.
>
> Comme il est très curieux, il avancera pour les voir de plus près. À ce moment-là, les énormes bêtes frapperont le sol avec leurs sabots et regarderont ce petit chat blanc imprudent avec colère.
>
> Aussitôt, Aristote prendra ses pattes à son cou en miaulant très fort. Mais en sortant du pré, le chaton apeuré restera coincé dans la clôture.

b. Souligne, dans le premier paragraphe, la phrase qui indique qu'Aristote désobéira à la sorcière.

c. Recopie la phrase du deuxième paragraphe qui montre que les taureaux ne seront pas contents.

____

d. Réponds aux questions en écrivant une phrase.

Que fera Aristote quand il verra que les taureaux sont furieux ?

____

Pourquoi Aristote ne pourra-t-il pas sortir du pré ?

____

e. Recopie les différents groupes nominaux qui désignent Aristote et les taureaux.

Aristote : ____

Les taureaux : ____

f. Entoure dans le texte les indicateurs de temps employés.

2 **Ajoute** deux phrases au troisième paragraphe pour raconter l'arrivée de la sorcière et ce qu'elle fera pour dégager Aristote.

Ajoute un quatrième paragraphe de deux phrases pour raconter le retour à la maison.

____

____

Vérifie que tu as écrit les verbes au futur et que tu as mis les points et les majuscules.

Fiche 98 + et ++

Les 9 vies d'Aristote (9)

› Interpréter les substituts
› Attribuer du sens à des mots inconnu
› Comprendre les pensées des personna

Un jour, alors que Bella Donna rendait visite à la fermière, Aristote décida de traverser la cour de la ferme malgré l'interdiction de la sorcière. Depuis qu'il accompagnait Bella Donna à la ferme, il avait envie de savoir ce qu'il y avait dans la niche.

Comme il approchait, il sentit une drôle d'odeur qui venait de la niche, une odeur qu'il n'avait jamais rencontrée auparavant et qui ne lui plaisait pas beaucoup. Lorsqu'il fut vraiment tout près, il entendit un bruit. C'était quelqu'un qui ronflait.

Curieux comme tous les chats, Aristote passa la tête dans l'entrée de la niche et sonda l'obscurité intérieure. Là, couché sur le ventre et profondément endormi, sa grosse tête calée sur ses pattes, se trouvait un très grand animal... cause de l'odeur et des ronflements.

Il se trouvait qu'Aristote n'avait jamais vu de chien de sa vie et ne savait pas que, en général, ils n'aimaient pas beaucoup les chats. Mais l'odeur de l'animal était si forte dans ses narines à présent, ses ronflements si bruyants à ses oreilles qu'il décida de le laisser en paix, d'autant que chaque ronflement faisait se relever les babines du molosse, dévoilant une batterie de crocs redoutables.

1 **Souviens**-toi de l'histoire et **coche** ce qui est vrai.

- ◯ Maintenant, Aristote est presque un chat adulte.
- ◯ Aristote est toujours un chaton.

- ◯ Il lui reste cinq vies.
- ◯ Il lui reste quatre vies.

- ◯ Il accompagne la sorcière à la ferme.
- ◯ Il reste à la maison pendant que la sorcière va à la ferme.

- ◯ Bella veut bien qu'Aristote entre dans la cour de la ferme.
- ◯ Bella ne veut pas qu'Aristote entre dans la cour de la ferme.

2 **Relie** le mot en orange au mot à partir duquel il est formé.

l'**interdiction** •	• avant
auparavant •	• interdit

3 **Réponds** aux questions par une phrase.

Que sent Aristote quand il approche de la niche ?

____

Connait-il cette odeur ? ______________________

Aime-t-il cette odeur ? ______________________

4 **Écris** chaque mot devant sa définition.

un molosse – les babines

______________ : les lèvres du chien

______________ : un gros chien

5 **Coche** les groupes de mots qui ont le même sens que ceux en orange.

Il sonda l'obscurité intérieure.

- ◯ Il regarda dans la niche et c'était tout noir.
- ◯ Il regarda autour de la niche.

Il décida de le laisser en paix.

- ◯ Il décida de le laisser sortir.
- ◯ Il décida de le laisser tranquille.

L'odeur de l'animal était forte dans ses narines à présent.

- ◯ L'odeur de l'animal était forte dans ses narines tout à l'heure.
- ◯ L'odeur de l'animal était forte dans ses narines maintenant.

dévoiler une batterie de crocs redoutables

- ◯ Laisser voir une rangée de grandes dents pointues qui font peur.
- ◯ Laisser voir des petites dents.

6 **Écris** sous les mots en orange qui ils désignent.

chien – Aristote – les chiens

Là, se trouvait un **très grand animal**... cause de l'odeur et des ronflements.

un ______________

Aristote n'avait jamais vu de chien de sa vie et ne savait pas qu'**ils** n'aimaient pas beaucoup les chats. ______________

Il décida de le laisser en paix.

____

Chaque ronflement faisait se relever les babines du **molosse**.

____

7 **Coche** ce que pense Aristote.

- ◯ Je ne vais pas réveiller ce grand animal parce que je suis fatigué et je veux rentrer à la maison.
- ◯ Je ne vais pas réveiller ce grand animal parce qu'il me fait un peu peur.

al **8** **Lis** à haute voix tout le texte.

Le pluriel des noms et des adjectifs

1 **Recopie** les groupes nominaux dans la colonne qui convient.
Souligne les noms.

des chats - un chat - la rivière - les rivières - mes garçons - mon garçon

groupes nominaux au singulier	groupes nominaux au pluriel
....	....
....	....
....	....

Quelle lettre est ajoutée au nom au pluriel ? ____

2 **Lis** ces groupes nominaux.
Souligne les adjectifs.

un chat sage - des chats sages

une longue vie - cinq longues vies

Quelle lettre est ajoutée à l'adjectif au pluriel ? ____

3 **Lis** ces groupes nominaux.

un repas - des repas

un tapis gris - des tapis gris

Les noms et les adjectifs sont-ils différents au singulier et au pluriel ? ____

4 **Complète** avec le nom qui convient.

maison - maisons — Le toit de notre ____ est rouge.

éléphant - éléphants — Plusieurs ____ se roulent dans la boue.

étoile - étoiles — Une ____ brille dans le ciel.

frère - frères — Louna a deux ____ .

bulle - bulles — Clara fait des ____ .

5 **Complète** avec le groupe nominal qui convient.

trousse neuve - trousses neuves — J'ai une ____ .

poisson rouge - poissons rouges — Deux ____ nagent.

fleur jaune - fleurs jaunes — Il y a des ____ dans le vase.

bonnet vert - bonnets verts — Maxime a un ____ .

6 **Complète** ce qui est à retenir.

Au pluriel, je mets un ____ à la fin des ____ et des ____, sauf s'il y en a déjà un.

MOTS À MÉMORISER

une fille • les parents • une semaine • la journée

tard • jamais • avant • devant

1 **Complète** chaque phrase avec un des mots appris.

J'aime bien la ____________ du jeudi.

Léa est la ____________ de la maitresse.

Les ____________ de Jules l'accompagnent à l'école.

Il y a sept jours dans une ____________ .

2 **Écris** les quatre mots invariables appris.

____________ ____________ ____________ ____________

Entoure la lettre finale muette dans chaque mot.

3 **Écris** la phrase à la forme négative.

Je vais toujours à l'école à pied.

____

4 **Récris** les groupes nominaux au pluriel.

une fille : ____________

une semaine : ____________

une journée : ____________

Entoure la lettre finale qui marque le pluriel.

5 **Complète** avec parent ou parents.

Tes ____________ sont sévères.

Ce garçon fait partie de notre famille, c'est un ____________ de mon père.

Pendant les vacances, j'irai chez mes grands-____________ .

6 **Écris** le mot qui est le contraire du mot en orange.

Nora viendra nous chercher **après** le repas. ____________

Je marche **derrière** Océane. ____________

Vous vous levez **tôt**. ____________

7 **Retrouve** des mots appris et **écris**-les.
Chaque lettre est codée avec son numéro de place dans l'alphabet.

19	5	13	1	9	14	5

____

10	1	13	1	9	19

____

Le futur des verbes en -er (1er groupe)

1 **Lis** la page 14 de ton cahier de grammaire. Puis, **lis** les phrases ci-dessous.

Le jeune chat quittera la maison. verbe : ____________

Je resterai seul près du feu. verbe : ____________

Tu monteras en haut d'un arbre. verbe : ____________

Ils ne retourneront jamais sur la voie ferrée. verbe : ____________

Nous ne grimperons plus sur le toit. verbe : ____________

Vous jouerez dans la cuisine. verbe : ____________

Souligne le verbe dans chaque phrase.

Complète : Les verbes sont conjugués au ____________

Écris l'infinitif de chaque verbe et **complète** : L'infinitif se termine par ____________

Entoure les terminaisons des verbes.

2 **Entoure** la lettre que tu vois au début de chaque terminaison au futur.

-rai -ras -ra -rons -rez -ront

3 **Complète** la conjugaison des verbes grimper et jouer au futur.
Aide-toi des terminaisons des verbes que tu as entourées dans l'activité 1.
Pense à écrire la lettre e avant la terminaison, parfois elle ne se prononce pas.

grimper	**jouer**
je grimpe____	je ____________
tu grimpe____	tu ____________
il/elle grimpe____	il/elle ____________
nous grimpe____	nous ____________
vous grimpe____	vous ____________
ils/elles grimpe____	ils/elles ____________

Sur ton cahier de grammaire, tu peux **écrire** le titre de la page 14 : Futur des verbes en *-er* (1er groupe).

4 **Récris** chaque phrase avec le sujet proposé.

Je marcherai dans la rue. ➜ Vous ____________

Nous regarderons un film. ➜ Les enfants ____________

Tu arroseras les plantes. ➜ Louise ____________

Fiche 101 + et ++

Le futur des verbes être et avoir

1 **Lis** la page 17 de ton cahier de grammaire.

Écris à quel temps sont conjugués les verbes : ____________

Souligne les verbes et **écris** leur infinitif : ____________

Complète la conjugaison de ces verbes au futur. Les terminaisons sont les mêmes que celles des verbes grimper et jouer.

être à la maison	**avoir faim**
je serai à la maison	j'aurai faim
tu ____________ à la maison	tu ____________ faim
il/elle ____________ à la maison	il/elle ____________ faim
nous ____________ à la maison	nous ____________ faim
vous ____________ à la maison	vous ____________ faim
ils/elles ____________ à la maison	ils/elles ____________ faim

Entoure les terminaisons.

Sur ton cahier de grammaire, tu peux **écrire** le titre de la page 15 en indiquant le temps auquel les verbes de la page sont conjugués.

2 **Récris** le verbe être au futur avec le sujet proposé.

Je serai à la piscine. ➜ Vous ____________

Nous serons sages. ➜ Les chatons ____________

Tu seras dans la chambre. ➜ Liam ____________

3 **Récris** le verbe avoir au futur avec le sujet proposé.

Vous aurez de la chance. ➜ Tu ____________

Les garçons auront des billes. ➜ Nous ____________

Sarah aura un petit frère. ➜ Tu ____________

4 **Récris** les phrases au futur.

Tu es sage. ➜ Demain, ____________

Nous avons trop chaud. ➜ Tout à l'heure, ____________

Je suis dans une autre école. ➜ L'an prochain, ____________

L'élève a de nouveaux livres. ➜ À la rentrée, ____________

Vous êtes en classe. ➜ Après-demain, ____________

Certains animaux ont un poil épais. ➜ L'hiver prochain, ____________

____

Fiche 102 + et ++

Les 9 vies d'Aristote (10)

› Faire des inférences
› Attribuer du sens à des mots incon
› Interpréter les substituts

Pendant plusieurs semaines, Aristote attendit Bella Donna, tranquillement assis à l'entrée de la cour de la ferme. Il regardait fixement la niche. Un jour, il voulut revoir l'étrange animal une dernière fois.

Comme la fois précédente, il sonda l'obscurité de la niche. Comme la fois précédente, il distingua la grande forme assoupie. Mais il se produisit alors un regrettable accident. Peut-être était-ce la poussière de la litière de paille du chien, peut-être était-ce à cause de l'odeur de l'animal mais, tout à coup, Aristote éternua.

Il ne se rappela jamais clairement ce qui se passa ensuite mais Bella Donna, sortant de la ferme avec sa cruche de lait et son panier d'œufs, lâcha le tout en voyant la scène qui se déroulait sous ses yeux.

Dans une salve de grognements à vous glacer le sang, le grand chien sortit en trombe de sa niche, à quelques centimètres d'un chat blanc qu'il rattrapa et saisit de ses énormes mâchoires. Mais la course du chien l'avait emmené au bout de sa longue chaine. Arrêté net en plein élan, sa tête se trouva violemment tirée en arrière, le forçant à ouvrir ses mâchoires et libérant un Aristote éberlué, confus, et tout ébouriffé.

De retour à la maison, Bella Donna nettoya Aristote. Elle le gronda un peu car il avait désobéi. Mais elle le regarda gentiment, alors Aristote se blottit contre son amie et il oublia sa frayeur. Il n'avait plus que trois vies.

1 **Relie** chaque mot en orange à son sens.

regarder **fixement** •	• très embêtant
la grande forme **assoupie** •	• voir
un **regrettable** accident •	• à moitié endormie
distinguer la forme assoupie •	• sans bouger les yeux

2 **Écris** les mots à partir desquels les mots ci-dessous sont formés.

litière : un ____________ tranquillement : ____________

3 **Écris** sous les mots en orange ce qu'ils désignent.

le chien – Aristote

Un jour, **il** a voulu revoir **l'étrange animal** encore une fois.

____________ ____________

Comme la fois précédente, il distingua **la grande forme assoupie**.

____

Il ne se rappela jamais clairement ce qu'il se passa ensuite.

____

4 **Coche** ce qui est vrai.

- ◯ C'est l'odeur de la paille qui réveille le chien.
- ◯ C'est l'éternuement d'Aristote qui réveille le chien.
- ◯ C'est l'odeur d'Aristote qui réveille le chien.

5 **Remplace** les mots en orange par ceux utilisés dans le texte.

a. **une suite** de grognements (ligne 11) : une ____________ de grognements

b. des grognements **qui font très peur** (ligne 11) :
des grognements ____________

c. sortit **à toute vitesse** (ligne 11) : sortit ____________

d. un Aristote **étonné**, **un peu gêné**, et **les poils en désordre** (ligne 15) :
un Aristote ____________, ____________, et ____________

e. il oublia sa **peur** (ligne 20) : il oublia sa ____________

6 **Écris** Vrai ou Faux.

a. Le chien est attaché à sa niche avec une chaine. ______

b. Le chien sort doucement de sa niche. ______

c. La chaine oblige le chien à s'arrêter et à ouvrir les mâchoires. ______

d. Bella Donna aime bien Aristote. ______

e. Aristote n'aime pas la sorcière. ______

7 **Numérote** les phrases dans l'ordre de l'histoire pour raconter comment Aristote a perdu une vie.

- ▢ La chaine arrête le chien dans sa course.
- ▢ Il voit le chien.
- ▢ Aristote regarde à l'intérieur de la niche.
- ▢ Il est obligé d'ouvrir ses mâchoires et Aristote est libre.
- ▢ Il attrape Aristote.
- ▢ Soudain, Aristote éternue.
- ▢ Le chien se réveille et sort de sa niche en courant.

8 **Réponds** à la question par une phrase.

Pourquoi Aristote ne se rappelle pas clairement ce qu'il s'est passé après son éternuement ?

____

____

al **9** **Lis** à haute voix tout le texte.

Fiche 103+ et ++

Former des mots (3)

1 **Lis** ces verbes et ces noms.

ronfler - un ronflement

grogner - un grognement

Entoure le suffixe -ement qui a servi à former des noms désignant un bruit à partir de verbes.

2 **Écris** d'autres mots formés avec le suffixe -ement à partir de ces verbes.

hurler : un ______

siffler : un ______

gronder : un ______

miauler : un ______

chuchoter : un ______

craquer : un ______

grincer : un ______

crépiter : un ______

3 **Lis** ces adjectifs et ces mots invariables.

tranquille - tranquillement

fixe - fixement

claire - clairement

Entoure le suffixe -ment qui a servi à former des mots invariables à partir d'adjectifs.

4 **Complète** chaque phrase avec un mot invariable formé avec le suffixe -ment à partir de l'adjectif en orange.

a. Sous la cruche, la voix d'Aristote est **faible**, il miaule ______ .

b. Aujourd'hui l'enfant est **sage**, il reste ______ à la maison.

c. La maitresse a une voix **douce**, elle parle ______ aux élèves.

d. La sorcière regarde le chat d'un air **triste**, elle le regarde ______ .

e. Aristote reste **tranquille** dans la maison, il joue ______ .

f. Le chat est **rapide**, il monte ______ dans l'arbre.

g. L'exercice est **difficile**, on le réussit ______ .

oral **5** **Dis** une phrase avec un mot invariable choisi dans cette page. Puis **écris**-la.

______

Fiche 104 + et ++

Imaginer une aventure d'Aristote (2)

1 **a. Lis** cette phrase et **imagine** la suite.

Un jour, Aristote ira voir la bassecour de la ferme. Il verra des coqs, des poules, des canards et une grande mare.

b. Recherche des idées en répondant aux questions suivantes.

Comme Aristote est très curieux, entrera-t-il ou non dans la bassecour ?
Que fera-t-il ensuite ?

____

Mais deux coqs ne seront pas contents. Que feront-ils ?

____

Que fera alors Aristote ? Tombera-t-il dans la mare ? Pourra-t-il grimper sur le grillage pour sortir ? ______________________________

____

Heureusement Bella Donna arrivera. Que fera-t-elle ?

____

____

Comment se terminera cette aventure ?

____

Vérifie que tu as mis les majuscules et les points et que tu as bien écrit les terminaisons des verbes au futur.

2 **Recherche** des groupes nominaux différents pour désigner Aristote et les deux coqs.

Aristote : ______________________________

Les deux coqs : ______________________________

3 À partir des idées de l'activité 1, **écris** un texte au futur pour raconter l'aventure d'Aristote.

Un jour, Aristote ira voir la bassecour de la ferme. Il verra des coqs, des poules, des canards et une grande mare.

Vérifie que tu as écrit les verbes au futur, que tu as mis les points et les majuscules, que tu as employé des indicateurs de temps et différentes manières de désigner Aristote et les coqs.

Fiche 105 + et ++

Les 9 vies d'Aristote (11)

› Interpréter les substituts
› Attribuer du sens à des mots incor
› Comprendre l'ordre des actions

Depuis ce jour, Aristote restait à la lisière du bois pendant que Bella Donna allait à la ferme. Il entendait le monstre dans sa niche mais il n'avait plus envie de le voir. Mais un jour, Gruffo (c'est le nom du chien), qui n'était plus attaché, aperçut Aristote et il le poursuivit. Fou de terreur, Aristote voulut retourner à la chaumière en passant par la route. Là, il vit un camion arriver droit sur lui... Pendant ce temps, Bella Donna, qui avait vu qu'Aristote n'était plus près du bois, avait vite pris son balai.

Aristote se retourna pour échapper au vilain et bruyant véhicule et se retrouva nez à nez avec Gruffo qui l'avait suivi sans bruit et se précipitait maintenant vers lui la gueule ouverte sur une mâchoire pleine de crocs.

– Je n'ai jamais vu un truc pareil, dit le chauffeur du camion à sa femme, un peu plus tard. D'abord ce chat blanc qui file tout droit sous mon camion, entre les roues, et qui ressort de l'autre côté et, juste après, je vois ce gros chien lancé à sa poursuite et qui essaye de le suivre. Alors je saute sur le frein et, tout à coup, sans mentir, je vois cette vieille femme qui débarque de nulle part, une espèce de balai à la main, et vlan, elle en donne un grand coup au chien qui pousse un gémissement et retourne vers le bois en courant. Alors, je sors et là, plus aucune trace ni du chat, ni du chien, ni de la vieille dame. Disparus, pffuit, envolés !

1 **Rappelle**-toi comment Aristote a perdu sa sixième vie. **Barre** ce qui est faux.

Aristote a désobéi à Bella Donna.

Aristote a voulu revoir le chien une dernière fois.

Aristote a réveillé le chien en le secouant.

Le chien a attrapé Aristote dans sa gueule.

La chaine a arrêté la course du chien et l'a obligé à lâcher Aristote.

Aristote n'a même pas eu peur.

2 **Écris** sous les mots en orange ceux qui ont le même sens dans le texte.

à la lisière – nez à nez avec – au vilain et bruyant véhicule

Aristote se retourna pour échapper **au camion**.

____

Aristote restait **au bord** du bois pendant que Bella Donna allait à la ferme.

____

Aristote se retrouva **en face de** Gruffo.

____

3 **Recopie** les phrases en remplaçant les mots en orange par ce qu'ils désignent.

le chien – Aristote

Il entendait le monstre dans sa niche.

____

Il n'avait plus envie de le voir.

____

Il l'a poursuivi.

____

Il a vu un camion arriver droit sur lui.

____

4 **Complète** la phrase pour indiquer qui parle à qui.

Le ______________ raconte à ______________ qu'il a manqué d'écraser un chat.

5 **Complète** la phrase avec le mot familier qui indique que Bella Donna arrive.

Cette vieille femme ______________________ de nulle part.

6 **Réponds** aux questions par une phrase.

Comment Bella Donna a-t-elle fait pour arriver si vite sur la route ?

____

Que fait le chauffeur du camion pour ne pas écraser le chien ?

____

Qui a empêché Gruffo de continuer à poursuivre Aristote ?

____

7 **Numérote** les phrases dans l'ordre de l'histoire pour raconter comment Aristote a perdu une vie.

- ☐ Le chauffeur du camion freine pour ne pas écraser le chien.
- ☐ Le chien, qui a aperçu Aristote, court derrière lui.
- ☐ Aristote attend tranquillement Bella Donna à la lisière du bois.
- ☐ Aristote voit un énorme camion devant lui.
- ☐ Aristote court vers la chaumière en passant par la route.
- ☐ Aristote passe entre les roues du camion et ressort de l'autre côté.
- ☐ Le chien abandonne la poursuite et retourne vers le bois.
- ☐ Bella Donna arrive et empêche Gruffo de poursuivre Aristote.

al **8** **Lis** à haute voix tout le texte.

Fiche 106 + et ++

Écrire *gn*, *ni*

1 **Lis** les mots suivants.
Entoure les lettres qui permettent d'écrire le son [ɲ].

la montagne - la vigne - soigner - une ligne - la signature - un poignet - un agneau
un beignet - un seigneur - un peigne - une châtaigne - saigner - un cygne
gagner - mignon - magnifique - grogner - grognon - grignoter
le dernier - un panier - le grenier - un prunier

Écris les deux manières d'écrire le son [ɲ] : ____________ ____________

2 **Écris** avec des déterminants les noms de l'activité 1 représentés par ces dessins.

____________ ____________ ____________ ____________

3 **Écris** sur chaque ligne les deux mots de la même famille.

peigner - grogner - la montagne - gagner - un peigne
un gagnant - grognon - un montagnard

____________ ____________
____________ ____________
____________ ____________
____________ ____________

4 **Complète** avec les verbes proposés au présent.

gagner	Je ____________ la course.
signer	Vous ____________ un chèque.
grogner	Les cochons ____________ .
soigner	Tu ____________ les fleurs de ton jardin.
grignoter	Les souris ____________ du fromage.
peigner	Nous ____________ une poupée.
baigner	Papa ____________ le bébé.

5 **Écris** une phrase avec ces mots. **Entoure** les lettres qui permettent d'écrire le son [ɲ].

un lapin grognon - des châtaignes - grignote - dans un panier

____

MOTS À MÉMORISER

la montagne • la vigne • soigner • une ligne

la signature • un poignet • un panier • un agneau

1 **Complète** chaque phrase avec un des mots appris contenant [ɲ].

Nous arrivons au sommet de la ______________.

Le raisin est le fruit de la ______________.

Le dentiste va ______________ la dent qui a une carie.

Le coureur passe la ______________ d'arrivée.

Entoure les lettres qui permettent d'écrire le son [ɲ] dans les mots que tu as écrits.

2 **Réponds** aux devinettes.

a. Je suis le petit du mouton, je suis un ______________

b. Je suis entre le bras et la main, je suis le ______________

3 **Écris** deux mots appris avec ces étiquettes.

nier - si - ture - pa - gna

une ______________ un ______________

4 **Récris** chaque phrase en mettant le groupe nominal en orange au pluriel.

Je trace **une ligne**.

____

Il y a de la neige sur **la montagne**.

____

5 **Récris** chaque mot avec un ou une.

l'orange ➜ ______________ l'agneau ➜ ______________

l'oreille ➜ ______________ l'avion ➜ ______________

6 **Complète** avec un mot appris de la même famille que le mot en orange.

Il a **signé** la lettre, sa ______________ est grande.

Un **soigneur** vient ______________ et nourrir les loups du parc.

7 **Retrouve** des mots appris et **écris**-les.
Chaque lettre est codée avec son numéro de place dans l'alphabet.

22	9	7	14	5		

____

16	1	14	9	5	18	

____

16	15	9	7	14	5	20

____

Période 5

Fiche 107 + et + +

Les relations entre les mots d'un texte (4)

1 **Lis** le texte.

Aristote, le chat de la sorcière

Autrefois, **Aristote accumulait** les bêtises. **Il montait** sur le toit, **il grimpait** en haut des arbres, **il marchait** sur la voie ferrée, **il embêtait** le gros chien de la ferme.

Maintenant, **Aristote est un chat raisonnable**. **Il** n'**a** pas envie de quitter la vieille maisonnette. Dans la journée, **le chat regarde** la sorcière préparer ses potions magiques. La nuit venue, **il accompagne** Bella dans ses visites aux enfants malades.

Aristote passera une dernière vie longue et heureuse dans la petite maison au toit de chaume. **Il restera** toujours auprès de la gentille sorcière.

oral **Dis** le texte en parlant de deux chatons Aristote et Socrate. Puis **écris** les verbes et leurs sujets.

____

Autrefois, ______________________________ les bêtises.

______________________ sur le toit, ______________________ en haut des arbres, ______________________ sur la voie ferrée, ______________________ le gros chien de la ferme.

Maintenant, ______________________________ .

______________ n'______________ pas envie de quitter la vieille maisonnette.

Dans la journée, ______________________ la sorcière préparer ses potions magiques.

La nuit venue, ______________________ Bella Donna dans ses visites aux enfants malades.

______________________ une dernière vie longue et heureuse dans la petite maison au toit de chaume. ______________________ toujours auprès de la gentille sorcière.

2 **Indique** l'infinitif des verbes en orange et le temps auquel ils sont conjugués.

______________________ ______________________

______________________ ______________________

______________________ ______________________

______________________ ______________________

______________________ ______________________

______________________ ______________________

Fiche 108 + et ++

Des phrases et des groupes nominaux

1 **Relis** le texte « Aristote, le chat de la sorcière », page 158.
Indique le nombre de phrases déclaratives de chaque paragraphe.

paragraphe 1 : ____________

paragraphe 2 : ____________

paragraphe 3 : ____________

2 **Recopie** la cinquième phrase.
Entoure de qui on parle et ce qu'on en dit.

____

3 **Recopie** la phrase négative.

____

Récris-la à la forme affirmative.

____

4 **Écris** une phrase en utilisant ces groupes de mots.

embêtait le gros chien de la ferme – le chaton

____

Entoure de qui on parle et ce qu'on en dit.

Recopie l'information supplémentaire donnée dans les phrases ci-dessous.

Autrefois, le chaton embêtait le gros chien de la ferme.
Le chaton embêtait le gros chien de la ferme, autrefois.

____

5 **Écris** les adjectifs à leur place dans le texte.

malades – vieille – ferrée – gros – magiques – raisonnable
dernière – heureuse – petite – gentille – longue

Autrefois, Aristote accumulait les bêtises. Il montait sur le toit, il grimpait en haut des arbres, il marchait sur la voie ____________, il embêtait le ____________ chien de la ferme. Aristote est maintenant un chat ____________ . Il n'a pas envie de quitter la ____________ maisonnette. Dans la journée, le chat regarde la sorcière préparer ses potions ____________ . La nuit venue, il accompagne Bella dans ses visites aux enfants ____________ . Aristote passera une ____________ vie ____________ et ____________ dans la ____________ maison au toit de chaume. Il restera toujours auprès de la ____________ sorcière.

Fiche 109 + et ++

Les 9 vies d'Aristote (12)

› Interpréter les substituts
› Attribuer du sens à des mots incon
› Faire des inférences

Quand il fut remis de sa double frayeur, d'avoir été poursuivi par un monstre et d'avoir manqué de se faire écraser par un autre, Aristote réussit à retrouver tant bien que mal le chemin de la chaumière pour découvrir Bella Donna devant son feu, en train de remuer son chaudron. [...]

Il courut à elle et se mit à se frotter fébrilement contre ses collants noirs, ronronnant comme une machine à vapeur.

– Eh bien, mon garçon, dit Bella Donna, tu l'as échappé belle. Cela compte pour deux vies, je pense. Le chien ou le camion t'auraient tué, Aristote. Alors, écoute bien, sur neuf vies, tu en as usé huit maintenant. Ta neuvième vie va devoir te durer longtemps, très longtemps. [...]

Les mois, les années passèrent et Aristote devint non seulement un beau chat, mais un chat raisonnable avec ça. Il ne s'attirait plus d'ennuis et, comme Bella l'avait prévu, il resta en bonne santé, se tint à l'écart du danger et vécut une neuvième vie longue et heureuse.

Aristote devint un véritable chat de sorcière. Dans la journée, il aidait Bella Donna à fabriquer les potions magiques et il allait avec elle sur son balai porter des remèdes aux enfants malades toutes les nuits. Ils furent heureux dans la vieille maisonnette au toit de chaume et ils partagèrent beaucoup de temps et de joies ensemble.

1 **Souviens**-toi du début de l'histoire.
Relie chaque début de phrase à la fin qui convient.

- Aristote a perdu sa première vie •
- Aristote a perdu sa deuxième vie •
- Aristote a perdu ses troisième et quatrième vies •
- Aristote a perdu sa cinquième vie •
- Aristote a perdu sa sixième vie •
- Aristote a perdu ses septième et huitième vies •

- • en tombant de l'arbre et en arrivant dans l'eau.
- • en tombant dans la cheminée.
- • en manquant de rester sous la cruche renversée.
- • en manquant de se faire croquer par le chien.
- • en manquant de se faire attraper par le chien et de se faire écraser par un camion.
- • en manquant de se faire écraser par le train.

2 **Écris** deux phrases pour expliquer la double frayeur d'Aristote.

3 **Coche** la bonne explication de chaque phrase en orange.

Aristote réussit tant bien que mal à retrouver le chemin de la chaumière.

- ◯ Aristote réussit tout de suite à retrouver le chemin de la chaumière.
- ◯ Aristote réussit difficilement à retrouver le chemin de la chaumière.

Aristote se frotte fébrilement contre les collants noirs de Bella Donna.

- ◯ Aristote se frotte nerveusement, en remuant beaucoup, contre les collants noirs de Bella Donna.
- ◯ Aristote se frotte calmement contre les collants noirs de Bella Donna.

Aristote ronronne comme une machine à vapeur.

- ◯ Aristote ronronne sans faire de bruit.
- ◯ Aristote ronronne en faisant beaucoup de bruit.

Aristote l'a échappé belle.

- ◯ Aristote a échappé à un danger, il a failli mourir.
- ◯ Aristote s'est sauvé pour ne pas être attrapé par le chien.

4 **Recopie** la phrase en remplaçant les mots en orange par ce qu'ils désignent.

Quand il fut remis de sa double frayeur d'avoir été poursuivi par **un monstre** et d'avoir manqué de se faire écraser par **un autre**, Aristote réussit à retrouver tant bien que mal le chemin de la chaumière.

____

____

____

5 **Écris** ce que les mots en orange signifient dans le texte.

à l'écart du danger – raisonnable – ne recherchait plus les problèmes

Aristote devint un chat **sage qui réfléchit à ce qu'il fait**. ______________

Il se tenait **loin de tout ce qui pouvait être dangereux**. ______________

Aristote **ne s'attirait plus d'ennuis**. ______________

6 **Réponds** aux questions par une phrase.

Que fait Aristote dans la journée ? ______________

____

Que fait Aristote la nuit ? ______________

Aristote et Bella Donna aiment-ils être ensemble ? ______________

À quoi sert le balai de Bella Donna ? ______________

7 **Écris** Vrai ou Faux.

La neuvième vie d'Aristote est très courte. ______

Aristote est un vrai chat de sorcière. ______

Aristote sait maintenant à quoi sert le balai de Bella Donna. ______

al **8** **Lis** à haute voix tout le texte.

Période 5

Fiche 110 + et ++

Des mots du roman

1 **Lis** cet article de dictionnaire.

peur nom féminin
La peur, c'est l'émotion très forte que l'on ressent lorsque l'on est en face d'un danger. *Anna a peur des chiens. Martin a eu peur quand il a entendu l'explosion, son cœur s'est mis à battre très vite.*

Dans le roman, d'autres mots sont employés pour exprimer la peur. **Souligne**-les dans les phrases ci-dessous.

Comme le bruit faiblissait, Aristote ouvrit les yeux que, dans sa terreur, il avait fermés de toutes ses forces. Aristote s'est blotti contre son amie et il a oublié sa frayeur.

2 **Remplace** les mots en orange par des mots qui ont le même sens.

se cramponne – délicieux – se tapit – fixe
redoutables – le molosse – rompre – assoupie

Aristote trouve le lait de la cruche **très bon**.

____

Aristote **se tient très fort** à la branche.

____

La chute aurait dû **casser** le petit cou d'Aristote.

____

L'énorme chien a des crocs **qui font très peur**.

____________________ ____________________

Aristote voit une grande forme **qui dort à moitié** dans la niche.

____

Aristote **regarde sans bouger les yeux** l'ouverture de la niche.

____

Aristote se **cache en prenant le moins de place possible** entre les rails.

____

3 **Relie** chaque mot en gras à un mot de la même famille.

une **chaumière** •	• le métal
la **litière** de paille •	• dormir
un bruit **métallique** •	• le bruit
le chien profondément **endormi** •	• le lit
des ronflements **bruyants** •	• la terreur
terrorisé •	• le chaume
effrayé •	• la peur
apeuré •	• la frayeur

oral **4** **Dis** une phrase avec un mot exprimant la peur. Puis **écris**-la.

____

Fiche 111 + et ++

Raconter l'aventure d'Aristote

1 **Observe** l'illustration ci-dessous. **Écris** une ou deux phrases au présent pour raconter ce que chaque personnage voit et fait.

Vérifie que tu as mis les majuscules et les points.

2 **Continue** le texte ci-dessous qui raconte l'aventure d'Aristote avec le chien et le camion.
Raconte aussi le retour d'Aristote à la maison.
Pense à nommer le chat de manières différentes et à montrer sa peur.

Aristote attend sagement Bella Donna devant l'entrée de la ferme. Il aperçoit Gruffo qui n'est pas attaché. Aristote a peur et il retourne à la maison en passant par la route. Il ne sait pas qu'il est suivi par le molosse.
Bella Donna quitte la fermière et ne voit pas son chat ni le chien. Vite, elle pose son bidon de lait et ses œufs dans un buisson et elle enfourche son balai.
Aristote est sur la route, il court le plus vite possible sans se retourner. Il s'arrête pour reprendre son souffle.

Soudain,

Vérifie que tu as mis les majuscules et les points, que tes phrases sont bien construites, que tu as nommé Aristote de manières différentes et que tu as montré sa peur.

Étiquettes à découper – Période 3

Page 8

Je suis à la maison. Nous sommes à la maison.	Je vais à l'école. Nous allons à l'école.

Page 18

Tu vas au rez-de-chaussée. Vous allez au rez-de-chaussée.

Page 19

cette petite table – un napperon brodé des fleurs coupées – le vieux chapeau

Page 39

un grand détective une petite personne

Période 4

Page 48

Antoinette traversait la place. Elle avait le temps. Il réparait tout dans la journée. Des femmes étaient à la fontaine. Les villageois apportaient des ustensiles à l'étameur.

Page 49

des bassines percées des ustensiles rouillés

Page 58

Tu habitais à la campagne. Tu étais à Paris. Vous aimiez la tour Eiffel. Vous aviez un rêve : monter tout en haut.

Page 68

J'étais au CE1. Je jouais avec mes camarades. J'en avais beaucoup. Nous regardions nos frères. Nous étions ensemble.

Page 69

des écoles différentes – le travail manuel l'encre violette – une culotte courte des cours séparées – l'année dernière

Page 78

Je regardais les autos. Vous étiez encore à la fenêtre. Les piétons traversaient.

Page 79

des tortues têtues - des tortues noires des fleurs nouvelles un petit jardin - un lapin malin une rue tordue

Page 89

du papier doré - un feutre vert - du papier bleu

Période 5

Page 108

Le jeune chat quittera la maison. Elle lui donnera un nom : Aristote. Il regardera dans toutes les pièces.

Page 109

la gentille sorcière - une vieille dame un nez crochu - un menton pointu un chat noir - l'étrange vieille petite maison des vêtements noirs - un grand chapeau noir ses cheveux gris - une énorme pluie

Page 118

Je mangerai une viande délicieuse. Je serai seul près du feu. J'aurai faim.

Page 128

Tu seras sage. Tu plongeras dans la rivière. Bella Donna aura le temps d'arriver. Les branches fines bougeront beaucoup.

Page 138

Aristote et Socrate n'oublieront jamais le bruit terrible de la locomotive. Ils ne retourneront jamais sur la voie ferrée. Nous ne quitterons plus Bella. Nous ne grimperons plus sur le toit. Nous n'aurons plus envie de faire des bêtises. Vous serez plusieurs jours à la maison. Vous jouerez dans la cuisine.

Illustrateurs

Jean-François Martin : p. 4, 10, 14, 19 (exercice 1), 20, 22, 23, 24, 25, 29, 30, 33, 34, 38, 39 (exercice 4), 40.

Samuel Pereira : p. 7, 8, 9 (poule), 11, 13, 16, 17, 19 (chapeau), 26, 27, 32, 36, 37, 39 (activité 2), 42, 43, 46, 48, 53, 56, 57, 58, 66, 67, 68, 69, 70, 71, 74, 75, 76, 77, 78, 79, 80, 81, 83, 86, 87, 88, 93, 94, 95, 96, 97, 98, 100, 101, 103, 106, 113, 116, 120, 126, 127, 136, 156, 152, 142.

Bob Graham : p. 104, 110, 114, 124, 130, 133, 134, 140, 144, 150, 154, 160, 163.

Crédits photographiques

Page 44 haut : **forge** © Tony Baggett - stock.adobe.com ; **bas (et page 62)** : **lavoir** BIS / Ph. © X-DR - Archives Larbor. **Page 50 haut** : **faucheurs** adoc-photos ; **bas** : **locomobile** © Gusman/Leemage. **Page 54** : *La Belle Jardinière* © Photo Josse/Leemage. **Pages 51 et 58** : **tour Eiffel** © BIS / Ph. Coll. Archives Bordas. **Pages 59 et 60** : *La Place Clichy* © Photo Josse/Leemage. **Page 63 haut** : **fiacre** © Jacques Boyer/Roger-Viollet ; **bas** : **omnibus** BIS / Ph. Atget Coll. Archives Larbor. **Page 64** : *Le miel et la cire* © Deyrolle. **Page 65** : **bonnet d'âne** © Pictures news - stock.adobe.com. **Page 70** : **classe** © Photo Josse/Leemage. **Page 72** : reconstitution d'une salle de classe au Musée départemental de l'école, à Chevregny (02) © DR. **Page 73** : cour d'école © Leemage.com.

Droits textes

Pages 52, 82, 102, 112, 122, 132 : Le Robert Benjamin 2017.
Page 160 : extrait de *The nine lives of Aristotle*, Dick KingSmith, ill. Bob Graham © Foxbusters Limited. Publié en France par Gallimard Jeunesse, traduit par L. Nectoux. Reproduit avec la permission de Walker Books Ltd, London SE11 5HJ www.walker.co.uk
Page 84 : *Le Loup Gary, la vie des loups*, Fanny Joly, ill. Fabrice Turrier, recette de Béatrice Garel, illustrée par Rémi Saillard, Croscope © Nathan, 1999.

Conception de la maquette intérieure : Langage graphique et Dominique Grelier

Mise en page : Mediamax

Illustration de couverture : Céline Bouvier

Conception de la couverture : Delphine d'Inguimbert

Coordination artistique : Geoffroy Lindenmeyer

Édition : Pascale Costet

N° éditeur : 10276466 - Juillet 2021
Imprimé en Italie par L.E.G.O. S.p.A., Lavis (TN)